その英語、
ネイティブはカチンときます

デイビッド・セイン

青春出版社

はじめに

　ご存じですか？　実はネイティブは、日本人の話す英語を聞いて、「ん？」と違和感を覚えたり、ときには「なんてことを言うんだ！」と怒りを覚えることがよくあるのです！

　ネイティブと英語を話した日本人から、「なぜか相手からけげんな顔をされた…」という相談を受けることもあります。

　これは日本人が伝えようとした気持ちが、ネイティブに「誤解」されてしまったためなのです。誤解の原因は、いくつかに分けられます。

①フレーズ自体の選び方・使う状況を間違えたことによるもの

　たとえば上司に「その仕事、今日中に終わるかな？」と聞かれ、「なんとかなると思いますけど、もしかしたら終わらないかも」と伝えたくて、

Maybe.

と言うと、相手はカチンとくるでしょう（そのワケは131ページをお読みください）。

　日本人が誤解しやすい「ちょっと違うフレーズ」って意外とたくさんあるものです。学校で習った英語やＣＭ

で耳にする英語をそのまま使ってしまったことも理由のひとつでしょう。

このようなフレーズは、辞書で引いても微妙なニュアンスの違いが明確にならないので厄介です！

②必要以上に丁寧すぎて、慇懃無礼あるいは、嫌味な感じになってしまうもの

たとえば「ドアを閉めてもらえますか？」と頼みたくて、

Would you mind closing the door, please?

と言うと、嫌な気がするネイティブもいるでしょう（理由は212ページ）。

③イントネーションを間違えて、皮肉な言い方になるもの

同じフレーズでも、イントネーションによって意味が変わるのは、どの言語でも共通のこと。また「目は口ほどにものを言う」と言うように、目や顔の表情でも、もちろん気持ちは伝わります。

ところがイントネーションや顔の表情は、まさに日本人の「不得意」とするところです。日本語は「平坦に発音」する傾向が強いので、「さあ英語をしゃべるぞ」と思ったからといって、急に感情たっぷりのイントネーションにできる人はそういません。

「表情」にしても、欧米人からすると日本人は「無表情」

に見えがち。そのため、イントネーションによって意味が変わるフレーズを使うと誤解のもとになります。

たとえば相手の言ったことがうまく聞き取れなかったときに、

Pardon?

と平坦に強く発音してしまうと、ネイティブはムッとするでしょう(理由は32ページ)。

④文化の違いからくるもの
Are you married?

と質問をされ、戸惑うネイティブは多いものです。「結婚しているかどうか」ということ自体がプライバシーの問題なので、欧米ではストレートに聞く習慣がない上に、この表現だと相手を追いつめることになるからです(そのワケと、そしてどう切り出せばいいのかについては83ページをお読みください)。

言葉の細かなニュアンスというものは、ノンネイティブにはなかなかわかりづらいものですから、ネイティブだって、いちいち目くじらを立てて、「うわぁ、イヤミなやつ」と受け取るわけではありません。

本書では「こう誤解される」と言って「脅している」のでは決してありません。間違ってもいいから、どんどん話すことがいちばん大切なのですから。

とはいえ、自分の言いたいことを誤解なく伝えられたら、どんなにコミュニケーションが楽しくなることでしょう。いろいろなフレーズの持つ細かなニュアンスを知ってさえいれば、こちらの心遣いがムダになることもない上、相手の言うこともうまく受け止められるでしょう。

　この本では、まず日本人が間違えやすい「危ないフレーズ」を取り上げ、次に「どう言えば自分の気持ちがうまく伝わるのか」について、「使えるフレーズ」をいくつかリストで示して、それぞれのニュアンスの違いを説明しています。
　これらを使い分ければ、これまでうまく伝わらなかった気持ちがスムーズに伝わるようになります。この本を読まれたみなさんが、いろいろなバリエーションを身に付け、積極的に会話に役立てていただけることを心から願っています。

2024年10月　　　　　　　　　　　　デイビッド・セイン

その英語、ネイティブはカチンときます

CONTENTS

はじめに 3

CHAPTER 1 知らないうちに"ムッ"とされてた?! 初対面のひとこと

| 01 | 相手の名前を聞く 14
| 02 | 名前をほめる 18
| 03 | 職業をたずねる 22
| 04 | あいづちを打つ 26
| 05 | 聞き取れなかったことを聞き返す 30
| 06 | お酒をすすめる 36
| 07 | 友人を紹介する(男性編) 40
| 08 | 友人を紹介する(女性編) 44
| 09 | 相手の注意をこちらに向ける 48

CHAPTER 2 盛り上がりに水をさす! 危ないフレーズ

| 01 | 「楽しかったです!」 54

02	「よろこんでお手伝いします!」	59
03	「おもしろい!」	64
04	パーティーに誘う	68
05	「どうぞ、お座りください」	72
06	「お腹、出てきたんじゃない?」	76
07	プライベートなことを聞く	81
08	立ち入った質問をする	86
09	グチにつきあう	90

CHAPTER 3 「オフィス」のNGがここに! ビジネスでの表現

01	声をかける	96
02	勤め先を聞く	100
03	「説明が下手ですみません」	104
04	「他になにかありますか?」	108
05	「大丈夫、自分でできます」	112
06	やんわりとお願いする	116
07	同僚をほめる	120

| 08 | 励ます | 124 |
| 09 | 「なんとかします!」 | 128 |

CHAPTER 4 カチンとくる相手に切り返す! とっさのフレーズ

01	皮肉で撃退する	134
02	抗議する	138
03	叱る	142
04	噂話をする	146
05	不信感を表す	150

CHAPTER 5 つい言ってしまいがち! デートのときのNGフレーズ

01	デートに誘う	156
02	食事に誘う	160
03	「おまかせします」	164
04	「ありがとう!」	168
05	気持ちを伝える	172

| 06 | 上手に断る | 176 |
| 07 | 「OK!」 | 180 |

CHAPTER 6 言いにくい"ビミョーなニュアンス"がうまく通じる英語

01	席を立ちたいとき	186
02	お酒の誘いを上手にかわす	190
03	トイレを借りたいとき	194
04	ビミョーな質問をうまくごまかす	198
05	「急いでもらってもいい?」	202
06	「やってみるけど…期待しないで」	206
07	「ドア、閉めてくれない?」	210
08	「お静かに願います」	214
09	「大丈夫です」	218

◎本書で使っている記号について

あくまでも一般的なおすすめフレーズです。状況に応じて、ここに示したいろいろなフレーズを使い分けてください。

安全そうに見えますが、危険性の高いフレーズです。見るからに危険だと思われそうなものには、基本的には付けていません。

◎リストの順序について

各項目にある、「控えめな、感じの良いたずね方」←→「ぶしつけなたずね方」などの順序は、同じフレーズでも、イントネーションやその場の状況、自分と相手の関係など、さまざまな要因で変わります。本書では一般的な順序を示しています。

CHAPTER 1

知らないうちに"ムッ"とされてた?!
初対面のひとこと

01 相手の名前を聞く

交流パーティーではじめて会った人に、名前を聞きたい。
こんなとき、なんと言う?

 What's your name?

 君、名前は?

😃 控えめな、感じの良い尋ね方

- I'm Hiroshi Nagata. And you are ...?
- May I ask your name, please?
- I'm sorry, you're ....
- Now you're ...?
- Could I have your name?
- What's your name?
- I need your name.
- Who are you?

☹ ぶしつけな尋ね方

I'm Hiroshi Nagata. And you are ...?
私はナガタ・ヒロシと言います。失礼ですが、あなたのお名前は…。

初対面の場合、まずは自分から名乗るのは、洋の東西を問わぬ礼儀。名乗るときは、My name is ××. よりも、I'm ××. と言うと自然。そして、And you are ...? と言えば、相手も自然に名乗ってくれます。

May I ask your name, please?
お名前をお伺いしてもよろしいでしょうか?

電話の取り次ぎや受付で、相手の名前をはっきりと尋ねたいときにはこのフレーズを使うのがよいでしょう。

I'm sorry, you're ....
すみませんが、お名前は…。

一度会った覚えがある人、あるいは会った可能性のある人に対して、「えっと、お名前はなんとおっしゃいましたか?」と尋ねたいときのカジュアルな尋ね方。

Now you're ...?
えっと、たしかお名前は…?

I'm sorry, you're .... よりカジュアル。目上の人に対

しては控えた方がいいでしょう。

Could I have your name?
お名前を教えていただけますか？

失礼な感じではありませんが、受付や名簿作成をする場合など、仕事で使うのに適した表現。パーティーで会った人に使うとちょっと違和感があります。

What's your name?
君、名前は？

これは警察に名前を問われたり、入国の際などに聞かれたりするときのフレーズ。社交の場でいきなりこう切り出すのは失礼。

I need your name.
名乗りたまえ。

直訳すると「あなたの名前が必要だ」となりますが、命令的な感じで「名前を言いなさい」「名乗りたまえ」という響きになってしまいます。

Who are you?
お前はだれだ？

「お前はだれだ？」というときのフレーズ(103ページを参照してください)。

名刺交換はこんな感じで!

名刺を交換するときは、たとえばこんな会話を交わしながらやるとスムーズにいくでしょう。

◉パターン1

Let me give you my business card.
私の名刺です、どうぞ。

Thank you. Here is mine.
どうも。私のもどうぞ。

◉パターン2

My contact information is on this card.
Please contact me anytime.
私の連絡先はこのカードにありますので、いつでも連絡してください。

02 名前をほめる

名刺を交換した後で「珍しいお名前ですね！」とポジティブな感想を述べたいとき、なんと言う？

You have a strange name.

ネイティブにはこう伝わる あなた、ヘンテコな名前ですねぇ。

 ポジティブにほめるフレーズ

- What a nice name!
- I like your name.
- That's a nice sounding name.
- I've never heard that name.
- You have an unusual name.
- You have a strange name.
- What kind of a name is that?

 「ヘン」だとけなす意味になってしまう言い方

What a nice name!
すてきなお名前ですね!

一般的なほめことば。これなら相手に嫌な思いをさせることはありませんが、「珍しい名前」というニュアンスは出せず、ちょっと無難すぎるかもしれません。

I like your name.
いいお名前ですね。

「私はあなたの名前が好きです」というこのフレーズなら、珍しい名前である場合でも使えます。

◎ イチオシ
That's a nice sounding name.
すてきな響きのお名前ですね。

「変わった響きだけれど、すてき」という気持ちを表すことができる、うまい言い回しです。

I've never heard that name.
そんな名前を聞くのははじめてです。

こちらの驚いた気持ちを伝えることはできますが、状況によっては失礼な感じに聞こえてしまいます。

You have an unusual name.
変わったお名前ですね。

unusualは「普通でない、異常な」という意味もありますが、「珍しい」という中立的な意味でも使えます。strangeよりはいいイメージ。

 ## You have a strange name.
あなた、ヘンテコな名前ですねぇ。

「珍しい」というとstrangeが浮かんでしまう人も多いと思いますが、イメージ的には「異様な、ヘンテコな」という感じになり、こういう状況で使うと失礼な言い方になります。

 ## What kind of a name is that?
何とヘンな名前だ！

What kind of ...? は「どんな種類の…ですか？」という意味ですが、使い方を間違えると大変！　ものすごい皮肉として使うことがあるからです。
たとえばWhat kind of a report is that? は「これがレポートと言えるとでも思ってんのか?!」という怒りを表す表現です。

名刺交換でのやりとりは?

名刺交換については、欧米では、日本のようにビジネスの場でほとんど必ず交換するというものではありませんが、最近では名刺を持つ人が増えてきているようです。
交換のエチケットは、日本とさほど変わりません。名刺を受け取ったら、すぐにしまいこむのではなく、名刺を少し眺めてから、ちょっとの間それを話題にします。たとえば、

Where are your ancestors from? ご先祖はどちらのご出身ですか
Is this an English name? イギリスのお名前ですか

などと、名刺の内容(相手の名前、役職、あるいはカードのデザインなど)についてコメントします。

ちなみに、**Where are your ancestors from?** は、アメリカなどで「ご先祖はどちらから来られた(どこの国から移民して来られた)のですか?」と尋ねるときのフレーズです。
名刺の内容を知ろうとすることは、洋の東西を問わず、相手への尊敬の念の表れであり、相手との理解や親睦を深めようとする態度なのですね。

03 職業をたずねる

パーティーで知り合った相手の職業を尋ねたい。
「お仕事は?」と聞きたいとき、なんと言う?

キケン! What's your job?

君、職業は?

 遠慮がちな尋ね方

- What do you do?
- What field are you in?
- What type of work do you do?
- Where do you work?
- What's your job?
- Do you have a job?
- Don't you work?

 失礼な尋ね方

What do you do?
ご職業はなんですか？

What do you do? は「今、何をしてるのですか？」ではなく、「お仕事はなんですか？」という意味です。くれぐれも間違えないように！

What field are you in?
どんな分野のお仕事をされているのですか？

この field は「仕事の分野、活動範囲」のこと。専門的な仕事の場合に使うことも多いため、相手に対する敬意を表すことにもなります。

What type of work do you do?
どんな種類のお仕事をされているのですか？

これなら専門職に限らず、一般的に使えます。

Where do you work?
どこで働いているのですか？

「どこの会社」で働いているかを聞きたいときにはこう尋ねます。

What's your job?
君、職業は？

相手に興味があるというより、単に事務的な質問だと受け取られる可能性があります。

Do you have a job?
仕事、してるの？

「お仕事はされているのですか？」と聞きたくて使うと、「仕事、してるの？」という失礼な質問になってしまうので注意。

Don't you work?
仕事、してないの？

これは相手を非難する言い方なので要注意。

What do you do? と聞くワケ

「お仕事は何ですか？」
こう尋ねられたら、あなたはどう答えますか？「会社員です」「メーカーで働いています」などではないでしょうか。
けれどアメリカでは、**I'm a salaried worker.**（勤め人です）とか **I work for a company.**（会社勤めをしてます）と言うと、何かを隠そうとしているような、ちょっとした違和感を持たれるのです。

英語では、こんな感じで答えます。
I'm an accountant.　会計士です。
I'm an engineer.　エンジニアです。
つまりどこで働いているかではなく、自分のキャリアについて述べるのです。
日本でも今や、終身雇用制度は崩れつつありますが、それでもまだ自己のアイデンティティを会社に置くことが多いようです。
「どこで働いていますか？」を英語にすると、**Where do you work?** となりますが、ことさらに会社名を知りたいとき以外は、ネイティブはこの表現はあまり使いません。
普通は **What do you do?** と言います。
この質問だと、仕事以外のケースを含むことができるので、その点でも便利。
たとえば、相手は次のように返すこともできるからです。
I'm going to college.　大学に行ってます。
I'm a housewife.　主婦です。
I'm looking for work.　求職中です。

04 あいづちを打つ

アメリカ人の同僚からShohei Otani's famous in America.「大谷翔平はアメリカで有名だよね」と言われた。
「そうですよね」と返したいとき、なんと言う?

キケン! I know that.

ネイティブには
こう伝わる　それぐらい知ってるよ、ばかじゃないんだから。

 ポジティブなあいづち

- Oh, I see.
- Oh, I know.
- I see.
- Yeah.
- I know.
- I know that.
- Yes, yes.

 愛想のない返事

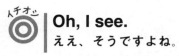 Oh, I see.
ええ、そうですよね。

I see. だけでもOKですが、Oh, を付けることによって上品な感じを出すことができます。「あら、そうですか」という訳にもなりますが、もちろん女性だけでなく、男性が使っても問題なし。

Oh, I know.
あ、そうだね。

これも上品な感じに聞こえます。ただし、あまり頻繁に使うと真剣味が薄れてしまうので注意。

I see.
そうですね。

Oh, I see. に比べると、ちょっとカジュアルな感じ。まったく知らなかったことを相手が言った場合に「なるほど、そうなんですね」と納得するときにも使えますが、知っていることに対して使ってもOK。

Yeah.
そうだね。

発音は[ィヤー]。
「あまりにカジュアルすぎるのでは？」「ちょっといい加減な感じになるのでは？」と感じる人もいるか

もしれません。けれどネイティブには、さほどぞんざいな言い方には聞こえません。上品とは言えないまでも、下品ではなく、ビジネスの場で使ってもOK。

 **I know.**
知っている。

これを口癖のように使うネイティブもいますが、それはあくまでほどよいイントネーションで言う場合に限られます。[アイノーゥ] という感じです。
イントネーションを誤ると「知ってるよ、そのぐらい」のように聞こえることがあるので注意。

 I know that.
それぐらい知ってるよ。

これはどのようなイントネーションで言っても「知ってるよ、それぐらい。ばかじゃないんだから」というニュアンスに受け取られてしまいます。このフレーズを使うのは、相手の発言にイライラしたときに限られます。

 Yes, yes.
わかった、わかった。

相手にイライラしていることを示すときの返事。日

本語でも「はい、はい」「『はい』はひとつにしなさい」というようなやりとりがありますが、英語でも同じ。yesを繰り返すことで、「もう、わかってるってば!」というニュアンスに。

バリエーションが大事!

ここで紹介した「使えるあいづち」は、どれも問題なく使えますが、ひとつ注意点があります。それは、同じあいづちばかり続けて使うのは避けよう、ということ。同じあいづちでは自然な会話になりません。3つか4つはすぐに口にできるようにしておき、それぞれをタイミングよく使い分けるようにするといいでしょう。

ネイティブがよく使うあいづちは、「よく使う順」に

I see. / Yeah. / I know. / Oh, I see. / Oh, I know.

Oh, I know. の **Oh,** はちょっとした驚きの気持ちを表すので、少し意外な発言をされたときなどに使うといいでしょう。

ただし、**Oh,** を連続して使うと真剣味がなくなり、逆にからかっていると思われる可能性もあるので注意。

05 聞き取れなかったことを聞き返す

相手の言ったことがうまく聞き取れなかった！
そんなとき、どう聞き返す？

 Pardon?

ネイティブには
こう伝わる　なんですと？

 丁寧な聞き返し

- I'm sorry, what did you say?
- Could you say that again for me?
- Sorry, I didn't catch that.
- Come again?
- I beg your pardon.
- Pardon?
- Please repeat that.
- Please say it again.
- One more time, please.

 ぶしつけな聞き返し

I'm sorry, what did you say?
すみません、なんとおっしゃいましたか?

聞き取れなかったことを伝える、素直で丁寧な言い方。何か他の事に気をとられていて、相手の話を聞き逃してしまったような場合に使うのにピッタリなフレーズ。

Could you say that again for me?
もう一度言ってもらえますか、ちょっと聞き取れなくて。

Could you say that again? でもOKですが、for meを付けることで「あなたのせいではなく、私の方が聞き取れなかったので、悪いのですが」というニュアンスがうまく伝わり、より丁寧な言い方になります。

Sorry, I didn't catch that.
ごめん、今の聞き取れなかった。

このcatchは「はっきり聞き取る」あるいは「理解する」という意味。こう問い返せば、相手はわかりやすく、はっきりと言い直してくれるでしょう。

Come again?
もう一度お願い。

このフレーズは「また来て」ではなく「もう一度言って」という意味のカジュアルな表現。ネイティブからこう言われて
"Where?"などと答えないように!

I beg your pardon.
なにか勘違いしてるんじゃない?

直訳すると「あなたのお許しを請います」となりますが、このフレーズにはいくつかの意味があります。
①「ごめんなさい」と謝る
②「あの、失礼ですが」と知らない人に話しかける
③「もう一度おっしゃってください」と聞き返す
④「なにか勘違いしておられるのでは?」と相手の間違いを指摘する
などです。冷ややかな口調で言ってしまうと、「勘違いしてるんじゃない? 何言ってんの?」という意味になってしまうので注意。
③の意味にしたいなら、pardonにアクセントをおき、語尾を上昇調で言うことを忘れないように!

Pardon?
なんですと?

I beg your pardon. の省略形。強く言うと「なんだっ

て?! ちょっと勘違いしてるんじゃない? よくもそんなことが言えたもんだ!」という意味に受け取られる可能性が高いので注意。発音に自信のない人は避けましょう。

Please repeat that.
はい、もう一回言ってみて。

「それもう一度繰り返してください」という意味ですが、これは発音レッスンで、先生が使いそうなフレーズ。That wasn't very good. Please repeat that.（あまりよくなかったね。はい、もう一回言って）という感じで使います。

Please say it again.
それ、もう一度言ってみて。

これも Please repeat that. に近い感じになります。

One more time, please.
もう一度、言ってみて。

やはりこれも、先生が使うような言い方です。

こんな便利な聞き返し方も！

相手の言ったことが部分的に聞き取れないということも多いもの。そんなとき便利なとっておきの「聞き返し法」をご紹介しましょう。
たとえば、
How many times have you been there before?
(そこへはこれまで何回くらい行ったことがあるのですか？)と尋ねられ、**How many times** の後がわからなかった場合、
How many times what?（何回くらい、なんですか？）
のように、聞き返したい部分だけ **what** に置き換えるのです。
これなら、相手にもどこがわからなかったのか明確に伝わるので、次はその部分だけ強調して言ってくれるはず。
他にも、こんな感じで使えます。

- **We need to go to ××.** ××へ行かなきゃ。
  To where? どこへ？

- **I want to buy a ××.** ××を買いたいな。
  Buy a what? なにを買いたいって？

- **We need to make reservations by ××.**
  ××までに予約しなきゃ。
  By when? いつまでに？

- **Could you give this to ××?**
  ××にこれをあげてくれる？
  To whom? 誰に？

- **I got a new car because ××.**
  新しい車を買ったんだ、だって××。
  Because why? だって、なに？

06 お酒をすすめる

食事の席で。もっと親しくなるために、お酒をすすめたい。
どう言う?

Do you drink?

ネイティブには
こう伝わる　あなた、アルコール依存症?

 遠慮がちに尋ねてみる

- Do you like to have a drink now and then?
- Are you a beer guy or a wine guy?
- Do you drink alcohol?
- Are you a drinker?
- Do you like to drink?
- Do you drink?
- You don't drink, do you?

 酒を非難する

Do you like to have a drink now and then?
たまには飲んだりする？

have a drink というフレーズがポイント。これは Let's have a drink.（一杯どう？）などの形でも使えるもので、ネガティブな感じはしません。

Are you a beer guy or a wine guy?
ビール党、それともワイン党？

a beer guy とか a wine guy という言い方にすることで、冗談っぽい感じを出し、「酒を飲むからって、非難してるわけじゃないよ」という気持ちを暗に示しつつ、「飲むの？」と聞けるフレーズ。カジュアルな会話なら相手が女性でも使えますが、心配な場合は guy を drinker に代えても OK。

Do you drink alcohol?
お酒、飲むんですか？

少し批判的なニュアンスになります。39ページのコラムを参照。

Are you a drinker?
あなた、酒飲み？

drinker は、単に「お酒を飲む人」というより、「のん

べえ」、さらには「アルコール依存症」という意味になります。これも批判的な言い方です。

Do you like to drink?
お酒、好きなの？

明るく言えば「お酒、好き？」というポジティブな意味として受け取ってもらえるでしょうが、言い方や状況によっては「えっ、お酒が、好きなの？」という批判的な感じに受け取られることがあるので注意が必要。

Do you drink?
あなた、アルコール依存症？

酒を飲まない人が、相手への批判を込めてよくこう言います。中立的な言い方に見えるだけに、注意が必要！

You don't drink, do you?
まさか、酒なんか飲まないですよね。

これは酒を飲みそうにもない人に対して言うことばですが、「自分は酒を飲む人が大嫌い」というニュアンスが含まれます。

drinkの意外なイメージ

日本人は、**drink**(ドリンク)と聞くと、単に「(飲み物を)飲む」という意味を思い浮かべるでしょう。あるいは「健康ドリンク」のように、むしろいいイメージが浮かぶ場合もあるかもしれません。

けれどこの**drink**という語には、「酒を飲む」という意味があります。

そしてアメリカなどでは宗教などの理由で酒を飲むのが悪いことだという観念が、日本よりもずっと強いため、「飲酒問題」はデリケート。そのため、**drink**という語にかなり敏感になっているのです。

Do you drink alcohol? や、**Do you drink?**

という表現も、状況によっては、「あなた、酒飲みなの？ イヤだ！」というニュアンスに。また、

Are you a drinker?

は、「あなた、飲める？」ではなく、「あなた、アルコール依存症なの？」という意味になります。

さらに、**drinking problem**は「アルコール中毒」のこと。そんなことからネイティブは、無意識かもしれませんが、"**drink**"ということばを避けたがる向きさえあるのです。

07 友人を紹介する(男性編)

あなた(男性)がパーティーに友人を連れて来たとします。みんなに、「彼は親友です」と紹介したいとき、なんと言う?

キケン! We're special friends.

ネイティブにはこう伝わる ぼくたちはゲイの恋人同士。

 素敵な友達というニュアンス

- He's my bud.
- He's my drinking friend.
- He's an old friend.
- We're good friends.
- He's my close friend.
- We're intimate friends.
- We're special friends.

「特別な友達」というニュアンスに!

He's my bud.
こいつは俺のツレ。

bud は buddy(仲間、相棒)を短くした語。「ツレ」とか「親友」という感じで使えます。またビール Budwiser の省略形でもあるので、なんとなく男っぽい響きを持つカジュアルなことばなのです。

He's my drinking friend.
彼は飲み友達なんだ。

友達を紹介するときは、よく He's my ... friend. という形で、具体的な関係を示します。
He's my bowling friend.(ボウリング仲間なんだ)、
He's my surfing friend.(サーフィン仲間だよ)
という感じです。
He's my friend from work.(仕事仲間なんだ)という言い方も。
こうすると、そこから話題が広げられる点でもグッド。ゲイの関係ではないと強調するために言うケースもありますが…。

He's an old friend.
彼は旧友だよ。

「昔からの友達」という意味ですが、それに加え「いい友達」というニュアンスが強まる言い方です。

We're good friends.
仲のいい友人です。

goodには「恋仲」というニュアンスはないので、普通に使えます。

He's my close friend.
彼とは親しい仲なんだ。

closeは「親しい」という意味。形容詞の場合、発音が[クロウス]になる点にも注意(＊動詞「閉じる」の場合は[クロウズ])。
自分たちがゲイではないとはっきりしている場合は問題なく使えますが、微妙な場合には「彼はゲイの恋人」に聞こえるかもしれません。

We're intimate friends.
彼とは親密な関係なんだ。

intimateも「親しい」という意味ですが、男女関係について使うと「ねんごろな関係」を示すことになります。男性同士の場合も、誤解される可能性大。

We're special friends.
ぼくたちはゲイの恋人同士。

specialも「親しい、大切な」という意味ですが、この言い方だとほとんど間違いなく「ゲイの恋人同士」と

いうふうに受け取られてしまいます。

「ボーイフレンド」「ガールフレンド」で大誤解!

「ボーイフレンド」「ガールフレンド」という語についての日本語と英語での概念は違うので注意。日本語では「友達」という意味で使いますが、英語では「恋人」。
He's my boyfriend. / She's my girlfriend.
と異性を紹介すると「恋人」と受け取られます。
誤解を防ぐためには、**He's my ... friend.** という具体的な表現を使うことをおすすめします。
ちなみに、女性が女友達を **She's my girlfriend.** と紹介すると、たいてい「普通の友達」と受け取られます。
ところが男性が He's my boyfriend. と言うと、ほとんどの場合、「ゲイの間柄」という意味に!

08 友人を紹介する（女性編）

女性同士の友達紹介。あなた（女性）が女友達を「彼女は親友です」と紹介したいとき、なんと言う?

She's my partner.

ネイティブには こう伝わる 彼女、私の恋人（レズビアン）なの。

 大好きな友達というニュアンス

- I just love her.
- I don't know what I'd do without her.
- She's my dearest friend.
- She's such a close friend.
- We're really close.
- She's one of my best friends.
- She's my partner.

「特別な友達」というニュアンスに!

I just love her.
彼女のこと、大好きなの。

love というと、恋人関係が浮かんでしまうかもしれませんが、女性同士で使うと「とっても好き」という意味に。女性的な言い回しです。

I don't know what I'd do without her.
彼女なしではどうしたらいいか。

相手がいかに大切かを示したいときには、こんな言い方もできます。

She's my dearest friend.
いちばん大切な友達なの。

dear と言うと、手紙の書き出しとして「親愛なる…」という使い方がポピュラーですね。
これはその dear を最上級にした使い方。とても上品なフレーズです。

She's such a close friend.
彼女はすごく仲のいい友達なの。

close friend という言い方は男性同士だと誤解を招く可能性があると注意しましたが、女性同士ならOKです。

We're really close.
私たち、本当に仲良しなの。

同じcloseを使って、こんな言い方もできます。

She's one of my best friends.
彼女は親友のひとりよ。

仲の良さを示すと同時に、「親友のひとり」と言うことで、ベタベタ感なく、さっぱりと伝えられます。

She's my partner.
彼女は私の恋人よ。

レズビアンの関係だ、という意味になる場合が多いでしょう。
仕事上のパートナーの場合は She's my work partner. と言います。もちろん仕事の話をしているときに She's my partner. と言えば、仕事上のパートナーと受け取ってもらえるでしょう。

女性ことば・男性ことば

日本人男性が、アメリカ人男性に向かって、
You have a lovely tie.
と言いました。「すてきなネクタイをしてますね」と伝えたかったのですが、アメリカ人男性はほおを赤らめ、とまどいの表情を浮かべました。さらに、

Oh, you have rosy cheeks.
と言うと、相手はますます困惑の表情を深め、話を切り上げて席を立ってしまったのです。

実は、この話し方は英語の「女性ことば」。
「えっ、英語にもそんな区別があるの?」と思った人も多いでしょう。英語では「自分」を表すことばは老若男女、すべてIですし、「あなた」もすべてyou。男女の区別などないように見えます。
けれど単語やフレーズによっては、男性的な響きをもつものや、女性的な響きをもつものがあるのです。
lovely(素敵)と **rosy**(紅い)は、どちらも女性ことばで、アメリカ人の男性なら、それぞれ **nice**(いい)、**red, reddish**(赤い)を使います。

女性的な表現には他にもこんなものがあります。
How wonderful! 素敵ですね。
You're so sweet. お優しいのね。
Oh, my goodness! あら、まあ。
I have to go to the powder room. ちょっとお化粧直しに。
これらを男性が言う場合、次のようになります。
That's really cool. かっこいいじゃん。
You've really been kind. 本当にご親切に。
Ah,damn. なんてこった。
I have to go to the restroom. トイレ行ってくる。

1章 知らないうちに"ムッ"とされてた?! 初対面のひとこと

09 相手の注意を こちらに向ける

友人に話したいことがある。まずは相手の注意をこちら に向けるため、「あの、ちょっと」と言いたい。
そんなとき、なんと言う?

Please listen.

 ちょっと、頼むから聞きなさいってば!

 遠慮がちに注意をひく

- Um ....
- You know, ...
- Hey, did you hear?
- Guess what!
- Oh, man ....
- I want to tell you something.
- I need to tell you something.
- Listen.
- Please listen.

 ストレートに注意をひく

Um ....
あの…。

とても自然でソフトな言い方。ちょっと遠慮がちに、言いにくいことの前に使うことも多い。発音は[アン]。たとえばこんな感じで使います。

Um .... Your chair is on my coat.
あの…。あなたの椅子が私のコートに乗っかってしまってるんですが。

You know, ...
ええっと…。

You know, ... はいろいろな使い方があります。文頭に置くと、相手の注意をひくことばに。文章の途中や文末に置き、念押しとして「ですから、おわかりでしょうけど」という感じで使ったり、「えっと」というつなぎとして使ったりすることもできます。

Hey, did you hear?
ね、聞いた?

なにか相手を驚かせることを言う場合は、こんな前置きをすることができます。

Guess what!
なにがあったと思う?

これも相手を驚かせることを言いたいときの前置き。「おもしろい話、教えてあげてもいいんだけど、知りたい?」という感じ。

Oh, man ....
ちょっと、もう大変…!

直訳すると「ああ、男」となりますが、実はこれも相手の気をひくことば。manには「なんとまあ!」という感嘆詞としての用法があるのです。Oh, man .... と言われた相手は
What happened?(なにがあったの?)のように返すことになります。

I want to tell you something.
ちょっと話したいことがあるんだけど。

何かいいことを言う場合に使うことの多い前置きです。たとえばこんな感じ。
I want to tell you something. I'm going to get married.
ちょっと話があるの。結婚することになった!

I need to tell you something.
ちょっと話しておかなきゃならないことがある。

wantをneedに代えただけですが、こちらは悪い知らせの前置きとして使うことが多く、たとえばこんな感じ。
I need to tell you something. I got fired.
ちょっと話があるんだ。クビになっちゃった。

Listen.
ちゃんと聞きなさいよ！

これは強く発音すると、こちらの話をちゃんと聞いてくれない相手に向かって「ちゃんと聞きなさい！」という状況で使うことば。「ねえ、聞いて聞いて」とは違うので注意！

Please listen.
ちょっと、頼むから聞きなさいってば!

pleaseをつけることで、逆にさらに強い言い方になるので要注意。
これは、相手に話しかけているのに、何度も無視された挙句、「ちょっと、聞きなさいって言ってるでしょう！」という感じで使うフレーズ。かなりイライラした気持ちが伝わります。

Listen! は「注目!」

もともと **Listen!** という命令形は、「注目!」という号令。そのためプレゼンテーションなどで自分に注目してほしいとき、
Listen!
と言うのは避けた方が無難です。
I need your attention.（ちょっとご注目ください）
や、
I have something to say.（話を聞いてください）
などのフレーズを使いましょう。

Listen! 同様、**Look!** も「見ろ! 注目!」あるいは「注意しろ!」といった強い命令に聞こえます。
プレゼンテーションでLook!などと言うのは避けてください。
イラストなどを示したいときには、
Could you look at this illustration?
このイラストを見ていただけますか?
のような表現を使いましょう。

CHAPTER 2

盛り上がりに水をさす!
危ないフレーズ

01 「楽しかったです!」

友人からパーティーに招待されました。
帰り際、お礼の言葉を伝えたいとき、なんと言う?

I enjoyed the party.

ネイティブには こう伝わる　パーティー、まあ、それなりに楽しかったよ。

「すばらしかった!」

- What a wonderful party!
- The party was very enjoyable.
- I had a good time at the party.
- I had fun at the party.
- I enjoyed the party.
- I enjoyed myself at the party.
- It was a good party.

「まあ楽しかったけどね…」

What a wonderful party!
なんと素晴らしいパーティーでしょう!

とてもポジティブで元気な言い方。いつもハイテンションな人が使えば問題ないでしょうが、落ち着いた人が言うとちょっと違和感があるかも。

The party was very enjoyable.
パーティーはとても楽しいものでした。

丁寧な言い方ではありますが、感情がこもらない言い方。フォーマルな手紙などでは使えるでしょう。

I had a good time at the party.
パーティー、とても楽しかったです。

素直な言い方で、気持ちがストレートに伝わります。
good を great、wonderful などに代えても OK。
ちなみに「最悪なパーティー」だった場合は、terrible、boring などに代えれば OK。もちろん主催者ではなく、第三者に言う場合に使いましょう。

I had fun at the party.
パーティー、まあまあ楽しかったです。

ネイティブは普通、I had a lot of fun at the party. と言います。
a lot of を付けて「すごく楽しかった」という気持ちを

表すのが一般的なので、a lot ofを付けないI had fun at the party. という表現では、「まあまあだった」というニュアンスになってしまうのです。
またI was fun at the party. とは言わないように気をつけてください。funには「楽しませる人」という意味もあるため、これでは「パーティーでは私がみんなを喜ばせた」という意味になってしまいます！

I enjoyed the party.
パーティー、まあ、それなりに楽しかったよ。

ネイティブでもはっきりと「間違いだ」と指摘することはない表現ですが、実はどのネイティブも、心の中では微妙な違和感を覚えるでしょう。
なぜなら、enjoyedには「意外に」という意味合いがあるから。
I enjoyed Disneyland. のような言い方はさらに不自然。Disneylandを楽しむのは当然というイメージがあるためです。
もちろん、
Enjoy your vacation!
とか、
How did you enjoy your trip?
というような使い方はできます。

I enjoyed myself at the party.
パーティーでは、楽しみました。

enjoy oneselfという用法を覚えている人もいるでしょう。I enjoyed the party. よりも I enjoyed myself at the party. の方がちょっと上品な感じに聞こえます。
ただし、I enjoyed the party. と同じように、「楽しかった！」という気持ちが素直に伝わらないと感じるネイティブも多いでしょう。

It was a good party.
まぁ、楽しかったけどね…。

have a good time はほめことばになりますが、同じgoodを使った表現でもIt was a good party. と言うとほめことばになりません！
It was a ×× party. という場合、goodではなくgreat, wonderful, super, fantasticなどを使って大げさにほめるのが一般的。そのためgood partyと言うと「まあまあのパーティー」に聞こえてしまうのです。

もっと知りたい！ enjoyのニュアンス

I enjoyed the party. が使えるのはどんな状況でしょう？それはこんな状況です。
誰かが、
That was a boring party.
退屈なパーティーだったなぁ。
とグチっています。それに対して、
Actually, I enjoyed the party.
そうかな、私はけっこう楽しかったけどな。
…という感じです。

さらに理解を深めてもらうために、こんな使い方も紹介しておきましょう。
enjoyの後には、「いいこと、楽しいこと」を置くようなイメージを持っていませんか？
それがちょっと違うのです。たとえば、
I enjoyed the rain.（雨は嫌なものだけど、なんとか楽しんだよ）とか、
I enjoyed the long speeches.（長いスピーチを楽しんだよ…、トホホ）という皮肉な言い方。
では、
I enjoy poor health. とはどういうことでしょう？
直訳すると「私は不健康を楽しんでいる」となります。「私は病気だ」と皮肉な表現で伝えているのです。「病気を甘んじて受け入れている」ということ。あるいは「私は仮病を使っている」という意味にもなります。

02 「よろこんでお手伝いします!」

友人から Can you help me?「手伝ってくれない?」と頼まれた。「よろこんでお手伝いします!」と答えたいとき、なんと言う?

 I'm willing to help.

ネイティブには こう伝わる　まあ、やってもいいけどね。

「よろこんで!」

- I'd love to help.
- Let me give you a hand.
- I'd like to help.
- What can I do for you?
- Okay, I'll help.
- I guess I'd better help.
- I'm willing to help.
- Let me do it.
- I guess you want me to help.

「仕方ないか…」

I'd love to help.
よろこんでお手伝いしますよ！

I'd love to .... はとても便利なフレーズなので、ぜひ身につけましょう。「ぜひとも…したいです！」という「！」マークまで含めた積極性を表す表現。単に I'd love to.（ぜひ！）というフレーズでも使えます。

Let me give you a hand.
お手伝いさせてください。

Let me .... は「私に・・・させてください」と、こちらから事を申し出るときの上品な表現。give 人 a hand は日本語と同じ「手を貸す、手伝う」という意味。

I'd like to help.
お手伝いしますよ。

I'd love to .... よりはポジティブ感がやや落ちますが、「ええ、やりますよ！」と言いたいとき使えるフレーズ。

What can I do for you?

これは店員が「いらっしゃいませ、何かお探しですか？」と言うときに使うフレーズですが、友達に対しても使えます。単に What can I do?（なにすればいい？）と言うこともできますが、これだと冷たく聞こえたり、「まあ、できることはないと思うけど」

というムードが伝わることもあります。

Okay, I'll help.
わかった、手伝うよ。

親しい友人が相手なら、これくらいカジュアルなフレーズでもOK。

I guess I'd better help.
手伝う方がよさそうだね。

「しかたないなぁ、そうするしかないみたいだね」というニュアンス。いつもヘマをしでかすけど憎めないヤツが相手の場合などには、ピッタリきます。

I'm willing to help.
まあ、やってもいいけどね。

be willing to は「やってもいい、異存はない」という感じ。積極性を含まず、「本当はやりたくないけど」という気持ちを暗に示してしまうフレーズなので、注意！
be willing to ... if と、後ろに if の条件文がついていると考えても差し支えないでしょう。
たとえば、
I'm willing to help if you let me use your car.
車を貸してくれるんだったら、手伝うよ。
といった感じです。

Let me do it.
やるからどいて！

同じLet me .... でも Let me give you a hand. とはかなりニュアンスが違います。「ああ、もう、私がやるから」という感じでイライラ感を表すフレーズ。もちろん、目上の人には使ってはいけません。

 I guess you want me to help.
私に助けて欲しいんでしょ？

皮肉っぽい言い回し。
たとえば「自分でやれる！」と言い張った同僚が、「やっぱり助けて…」と頼んできたような状況で、「やっぱりね、いずれ私に泣きついてくると思ってた」という感じで使えます。

同じwillingでもこんなに違う!

受験勉強のときに、**willing**という語を「よろこんでやる」という意味で覚えた人、多いのでは？ 実際willingには「いとわずにやる」という意味もありますが、なぜ
I'm willing to .... だと積極的な気持ちの表現にならないのでしょう？

英語の形容詞の用法には「叙述用法」と「限定用法」があります。簡単に言うと、The flower is pretty.（その花はきれいだ）のようにbe動詞の後に使う場合が「叙述用法」。

a pretty flower（きれいな花）のように名詞を修飾する場合が「限定用法」。

そしてなんとも紛らわしいことに、同じ語なのに「叙述用法」と「限定用法」とでニュアンスが異なる形容詞があるのです。

そのひとつがこのwilling。

turn a willing ear to ... のように「限定用法」で使うと「…に進んで耳を傾ける」というふうに「よろこんで」のニュアンスになります。

ところが、be willing to ... という「叙述用法」にしたとたん、「まあ、やってもいいけど」という積極性のない同意になってしまうのです。

紛らわしい形容詞ですが、これを使い分けなければ誤解を生むことになるので注意しましょう。

03 「おもしろい!」

You have to see this. I took the funniest picture of my dog!「これ見て。うちの犬のめっちゃおもしろい写真撮ったの!」と言って、おもしろい写真を見せてくれた友人に、「おもしろいわね?」と返したいとき、なんと言う?

キケン! 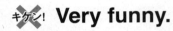 Very funny.

ネイティブには
こう伝わる　　フーーン、オモシローイ…。

 「すごくおもしろい!!」

・That's so funny!

・That's hilarious!

・That makes my day!

・I can't stop laughing.

・Very funny.

・That's really funny.

・I get it, I guess.

 ちょっと小ばかにするニュアンス

◎ **That's so funny!**
すっごくおもしろいね!

ごく普通の反応ですが、実際、あまりにもおもしろかった場合、反射的にシンプルな反応をしてしまうもの。シンプルさゆえ、素直な気持ちが伝わります。

That's hilarious!
おっかしい!

hilariousは「ものすごくおかしい」という意味を一語で表せる便利な単語。けれどノンネイティブにとっては反射的に出にくい語かもしれませんね。

That makes my day!
すごくおもしろいね!

これは「これで今日一日、気分よく過ごせるよ!」という意味。make a person's dayは「人を喜ばせる、幸せな気分にする」というイディオムです。こう言われた方も気分がよくなるフレーズなので、ぜひ覚えておきましょう。

✖ I can't stop laughing.
笑いが止まらないよ。

字義通り「笑いが止まらない」というときに使えるフレーズですが、笑わずに言うとものすごい皮肉にな

るので注意。

 Very funny.
フーン、オモシローイ…。

「すっごくおかしい！」という意味で使ってしまいがちですが、笑いながら、元気に言わなければダメ。笑わずに言うと、「ぜんっぜん、オモシロクナイね」という皮肉になるので注意。
メールなどで使うと、皮肉にしか聞こえないので、気をつけましょう。
皮肉として使えるケースは、きつい冗談を言われた場合など。そんな時、Very funny. と冷たく言い返すと相手を黙らせられるでしょう。

 That's really funny.
ほーんと、おもしろいね。

これも皮肉になる可能性があります。皮肉に聞こえないようにするには、テンション高く笑いながら言いましょう。

I get it, I guess.
うん、おもしろいね、わかるよ。

相手の言った冗談などに対して、「そのおもしろさ、わかるよ」と冷静に返すフレーズ。

反語に気をつけて!

英語では、日本語より反語的表現が使われることが圧倒的に多いので、注意が必要です。
たとえば、
I have some bad news. I lost the tickets.
ちょっと悪いニュースが。チケットなくしちゃった。
というような場合。日本語では、
「そんなバカな!」とか「なんで!」のように、ストレートに不満を口にする人が多いと思いますが、英語ではよく、
That's nice.
とか、
That's great.
などと返します。
これはもちろん皮肉。真に受けないようにしましょう。

04 パーティーに誘う

週末、ホームパーティーを開くことに！
友人にパーティーの説明をした後、出席したいかどうか
確かめたい。
「興味ある?」と聞きたいとき、なんと言う?

Are you interested or not?

ネイティブには
こう伝わる　　興味あるの、ないの？　はっきりして！

 遠まわしな尋ね方

- How do you feel about that?
- Could you let me know what you think?
- Do you think you'd be interested?
- What do you think?
- So... are you interested?
- Are you interested?
- Are you interested or not?

 ストレートな尋ね方

How do you feel about that?
それ、どう思う？

かなり遠まわしな尋ね方。feelは「感じる」ですが、「思う」という意味を、thinkより控えめに表すことができます。
「なんとなく…という気がするなぁ」と言いたいときに使うと便利。I feel he's right.（彼が正しいような気がするんだけど）という感じ。

Could you let me know what you think?
どう思うか教えてくれる？

Could you let me know ...? で「教えてくれないかな？」という気持ちを丁寧に伝えられます。

Do you think you'd be interested?
興味ありそう？

Do you think ...? を付けることでソフトな感じを出し、またyou areではなくyou'd be（you would beの略）にすることで、さらに遠慮がちな尋ね方になっています。しかも興味があるかどうかを明確に聞くことができます。

What do you think?
どう思う?

かなりストレートな尋ね方ですが、失礼ではありません。動詞がfeelのときはHow ...? ですが、動詞がthinkの場合、What ...? となる点に注意!

So ... are you interested?
で、興味あるかな?

So ... を前に置くことによって、遠慮がちな態度を示すことができます。

Are you interested?
興味ある?

ストレートな言い方。丁寧さは出せませんが、失礼ではありません。親しい相手なら、これでOK。

Are you interested or not?
興味あるの、ないの、はっきりして!

Are you interested? にただor notをつけただけなのですが、これだけで、「イエスかノーかはっきりしろよ!」と相手を問い詰める言い方になってしまうので注意!

or not の気持ち

Are you ×× or not? という ... or not? のついた表現には、「相手をせかして尻を叩く」「白黒はっきりさせる」というニュアンスがあります。

もちろん、状況次第ではありますが、優柔不断な相手や行動の遅い相手をせかして使われる表現なのです。

逆に言うと、

Make up your mind.
はっきりしなさいよ、どうするのか決めなさいよ。
We don't have all day.
一日たっぷり時間があるわけじゃないんだよ。

といった表現をひと言で表せる、使い方によっては便利なフレーズとも言えます。

05 「どうぞ、お座りください」

友人が家に遊びに来ました。
「どうぞ、お座りください」と言いたいとき、なんと言う？

 Sit down, please.

ネイティブには
こう伝わる　**着席！**

😊 丁寧に椅子をすすめる

- You can have a seat, if you like.
- If you'd like, please have a seat.
- Would you like to sit down?
- Have a seat.
- Please sit anywhere you'd like.
- Why don't you sit down here?
- Sit down, please.
- Would you please sit down?

☹ 「座れ」と命令する

You can have a seat, if you like.
よろしければ、おかけください。

主に会社でお客様に対して使うとても丁寧なフレーズ。

 ## If you'd like, please have a seat.
よろしければ、どうぞおかけください。

とても丁寧な言い方。相手が誰であっても失礼になりません。

Would you like to sit down?
おかけになりますか?

sit downでも、この言い方なら失礼な感じにはなりません。

Have a seat.
どうぞ座って!

Pleaseを付けても付けなくても失礼な感じはしません。カジュアルな会話では最もよく使われるフレーズ。相手が友達ならこれがおすすめ。

Please sit anywhere you'd like.
お好きなところにおかけください。

座る場所がたくさんあるときには、このフレーズがピッタリ。

Why don't you sit down here?
ここにかけたら？

カジュアルなフレーズ。親しい相手ならこれでOK。

Sit down, please.
着席！

先生が生徒に「席に着きなさい」とか「座りなさい」と言うような感じで使うフレーズ。Please sit down. も同様に命令的な言い方。

Would you please sit down?
頼むから座ってくれない？

一見丁寧な感じに聞こえるかもしれませんが、落とし穴が。これは落ち着きなく部屋を歩き回っているような相手に対して、「頼むから、ちょっと落ち着いてよ」というときに使うようなフレーズ。

刷り込まれている「ダメな英語」

Sit down, please. の場合のように、はじめて習って頭に刷り込まれている簡単なフレーズで、実はネイティブにとってはちょっとヘン、というものは結構あるもの。
たとえば、別れ際のあいさつとして、
Good bye.
というフレーズを浮かべる人は多いと思いますが、これを強く発音すると、「じゃ、あばよ」という捨てゼリフのような感じに聞こえることもあります。
フレンドリーな別れのあいさつには、「またね」という感じの
See you!
See you later.
などがおすすめです。

06 「お腹、出てきたんじゃない?」

最近、お腹がダブついてきた人に。メタボも心配だし、「お腹、出てきたんじゃない?」と軽い感じで注意したい。こんなとき、なんと言う?

You're getting fat.

ネイティブには
こう伝わる　なんかデブってきたね〜。

 婉曲的なほのめかし

- Why don't you go to the gym with me?
- It might not hurt to lose a little weight.
- You're getting love handles.
- You're getting a spare tire.
- You need to lose some weight.
- You'd better lose some weight.
- You're getting fat.
- You're so fat.

 きつくストレートな表現

Why don't you go to the gym with me?
一緒にジムに行かない？

欧米では日本人よりも体重を気にする人が多いのです。相手に「太っている」ことを伝えるときは、これくらい遠まわしに言わなければ、関係が悪化するケースも！

It might not hurt to lose a little weight.
ちょっとだけ体重を落としてもいいんじゃないかな。

It might not hurt to .... は「…しても悪くはないかも」というソフトな言い方で、アドバイスなどを押し付けない程度に軽く伝えるのに向いています。ところがこの言い方でさえ、信頼関係があればなんとかOKという程度なので、体重の話題には気をつけて。

You're getting love handles.
ラブハンドルができちゃったね。

ユーモアを込めたフレーズなので、ソフトな言い方になります。もちろん、通用するのはかなり親しい相手。
love handles についてはコラムを参照。

You're getting a spare tire.
スペアタイヤがついてきたね。

これもユーモラスな表現なので、親しい相手に、冗談っぽく言う分にはまあ大丈夫でしょう。
spare tire についてはコラムを参照。

You need to lose some weight.
体重をいくらか落とす必要があるね。

これは医者が患者に対して使うような表現。健康問題を示す言い方です。Maybe をつけ、
Maybe you need to lose some weight.
とすると、少しはソフトに。

You'd better lose some weight.
体重を落とさないと、大変なことになるよ。

体重を落とさないと、心臓病で大変なことになる、というような、かなり深刻な健康問題を示す言い方。ある種の脅迫のようにも聞こえてしまいます。

You're getting fat.
なんかデブってきたね。

ストレートな言い方で、とても失礼な感じ。親しい間でも、fatという語は禁句です。場合によっては絶交されてしまうかも。

 You're so fat.
この、デブめ！

もうこれだと、「ブタめ！」とか「デブ野郎！」みたいな、相手を中傷することばになります。fatを避け、You're so big. や You're so heavy. などと言えばいいかというと、これでもダメ。とてもストレートできつい言い方になってしまうのです。

ラブハンドルとスペアタイヤ

アメリカ人は日本人が思っている以上に、**fat** ということばに敏感！「脂肪」という意味ですが、人に対して使うと「ブタ、デブ」という感じで、相手の傷つくことばになるのです。

それゆえ、「おなかのぜい肉」を婉曲的かつユーモラスに表現することばは、いろいろあります。

たとえば **love handles**。これは「両わき腹のぜい肉」のこと。「愛のハンドル」とは？

これはセックスのときにそこを持つことからきたことば。けれどネイティブは語源のことはあまり気にせずこのフレーズを使っているので、会話で使っても大丈夫。

もうひとつ、**a spare tire** という表現もあります。これはもちろん「スペアタイヤ」という意味としても使えますが、「お腹のぜい肉」という意味でも使えるのです。

たしかにダブついたお腹は、スペアタイヤに似てなくもないですね。

ところで、太った人が食べてはいけないものの代表と言えばケーキ！　ではここで、ケーキを使ったフレーズについて、問題です。
It's a piece of cake. の意味を選んでください。
1　それはとてもうまいものだ。
2　それはとても簡単なことだ。
3　それはとてもラッキーなことだ。
4　それはとてもおもしろいことだ。

答え　2
It's a piece of cake. は「そんなの簡単だ」「朝飯前さ」というときの決まり文句。人に何かを頼まれて、快く引き受けたいときなどにも使えるフレーズです。

07 プライベートなことを聞く

パーティーで知り合った相手が、結婚しているかどうかを知りたい。
「ご結婚は?」と聞きたいとき、どう尋ねればいい?

 Are you married?

ネイティブには
こう伝わる　結婚してるの、してないの? どっち?

 それとなく聞く

- Anyone special in your life?
- Is there a Mrs. Smith?
- You're... married?
- Are you married?
- Are you remaining single?
- Why aren't you married?

 ストレートに聞く

Anyone special in your life?
どなたか特別な方はいらっしゃるの？

Is there anyone special in your life? の省略形。この場合、省略形の方が控えめな言い方になります。
「結婚」という語を避けることで、遠慮がちな気持ちと、同性愛者などへの気配りが感じられます。
この質問に対してはいろいろな答えが考えられます。たとえば次のような感じです。
No, I'm single.　いえ、シングルです。
Yes, I have a partner.　はい、パートナーがいます。
I'm married, and we have two children.
はい、結婚していて、子どもがふたりいます。

Is there a Mrs. Smith?
スミス夫人はいらっしゃるのですか？

スミス氏に対してこんなふうに聞けば、「奥様はいらっしゃるのですか？」という質問に。こんなふうにちょっぴりユーモアを交えた間接的な尋ね方ならOK。もちろん女性に対してはMrs.をMr.に変えて、Is there a Mr. Smith? と聞いてください。

You're ... married?
ええっと、あなた、ご結婚は…？

疑問文にせず、ちょっと間を置きながら遠慮がちに言えば、少なくとも問いつめている感じはしないの

で、なんとかOK。疑問文でなくても、語尾を上がり調子に発音すれば、尋ねているということは伝わります。

Are you married?
結婚してるの、してないの？　どっち？

思い切って尋ねたつもりが、強い調子になってしまい、「どっち？」と問いつめているように聞こえてしまう可能性があります。

Are you remaining single?
まだ独身主義を貫いてるの？

remainは「…のままでいる」という意味で覚えている人も多いかもしれませんが、この語には「自ら努力してその状況を維持している」というニュアンスが含まれます。そのため「結婚をしないことを選んでいる？」、「まだ独身主義を貫いてるの？」という意味になってしまうのです。

Why aren't you married?
なんで結婚してないの？

これでは結婚してない相手を責める言い方になってしまいます。「もういいかげん、結婚したらどう？」という感じです。

プライベートな話はどう切り出す？

日本人はよくこんな質問をします。
Are you married?　結婚してますか？
けれどアメリカでは、こんなストレートな質問はまず避けます。離婚やシングルマザー、同性愛など、さまざまなライフスタイルが一般化しているため、その質問で相手が困るかもしれない、と考えるからです。
そこで、まずは探りを入れるための間接的な質問からはじめます。
たとえばパーティーではこんな感じ。
Are you here by yourself?
ここへは、おひとりで？

また、女性に年齢を尋ねてはいけない、と思っている人は多いでしょうが、アメリカでは、男性の年齢もストレートに聞くことを避ける風潮があります！年齢はプライベートな問題で、子供の場合を除いては、How old are you? などと直接相手に聞くのは、失礼なことだと考えられているのです。
お互いの年齢を知ることなく親しくなり、そのままずっと過ごす、ということさえよくある話。

ほかにも、次のような質問は、プライバシーの侵害にあたると思われるので、避けた方が無難です。

How much money do you make?
給料はどれくらい？
How much do you weigh? 体重はどれくらい？
When were you born? いつ生まれたの？
Do you have children? お子さんは？
Where did you go to school? 出身校はどちら？
Do you have a college degree? 大学は出られたの？
What's your job? お仕事は？

もちろん他人に好奇心を持ち、知ろうとするのは悪いことではありません。
そんなときには、まず自分の方から、家族のことや、年齢などについて話してみましょう。そうすれば、相手も自分の話したいと思うことを、自然と話してくれるでしょう。

08 立ち入った質問をする

女友達に彼氏ができた様子。彼とはどういう関係なのか、それとなく聞き出したい。
「彼とはそういう関係なの?」と尋ねたいとき、なんと言う?

Did you have sex with him?

ネイティブにはこう伝わる ええーっ、彼と、やっちゃたの?

 それとなく探る

- Are you together now?
- Did you have a relationship with him?
- Did you go all the way with him?
- Did you go to bed with him?
- Did you sleep with him?
- Did you screw him?
- Did you have sex with him?

 ズバリ聞く

Are you together now?
彼とはうまくやってるの?

話の流れからそうとわかる場合は、このようなそれとなく探るフレーズで充分。
これなら聞かれた方も、うまくいっている場合は自分からのろけ話をはじめられるし、うまくいってない場合は、話をそらすことができます。

Did you have a relationship with him?
彼とはそういう関係?

直訳すると「彼とは関係を持ったの?」となりますが、日本語同様、この言い方で、「恋愛関係」を示すことができます。間接的でちょっと遠慮がちな感じ。子どもが聞いても意味はわかりません(おませな子どもならわかるでしょうが)。

Did you go all the way with him?
彼とは最後までいったの?

all the way には「はるばる」「どこにでも」の他、「とことん」という意味があります。
恋人関係に使えば「最後(肉体関係)までいく」ということになります。

Did you go to bed with him?
彼とベッドインしたの？

go to bedは普通に「床につく」という意味でももちろん使いますが、異性(同性愛者の場合、同性)と「寝る」という意味でも使います。

Did you sleep with him?
彼と寝たの？

sleep(眠る)はsleep with ...の形にすると、やはり「...と寝る、関係をもつ」という意味になります。下品な感じではありません。

Did you screw him?
彼と寝たの？

screwはもともと「ねじで締める」という意味ですが、スラングでは「セックスする」という意味で使います。ちょっと俗っぽい言い方。

Did you have sex with him?
ええーっ、彼と、寝ちゃったの？

極めてストレートな表現ですが、この言い方には「そんなことするなんて！」という批判的な気持ちが込められていることが多いので、友達との会話では不向き。

恋愛のステップは野球にたとえて

日本語では恋人との関係をＡＢＣで表すことがありました（最近はほとんど聞きません）が、アメリカではこれを、ベースボールにたとえて表現します。

I made it to first base with Judy.
ジュディと１塁まで行った。

これは「キス」。

second base は touching（愛撫）。third base は heavy touching（激しい愛撫）。そして、

I hit a homerun with Judy.
ジュディとホームランを打った。

と言うと「最後（肉体関係）までいった」という意味になるのです！

09 グチにつきあう

友人が仕事を辞めたらしい。相談に乗ってあげたくて、「どうして辞めちゃったの?」と優しく声をかけたいとき、なんと言う?

Why did you do that?

ネイティブには
こう伝わる　　なんでそんなバカなことしたの?

 同情して声をかける

- If you'd like to, can you tell me why?
- That was because ...?
- How come?
- Why?
- Why did you do that?
- What were you thinking?

 批判的に問い詰める

If you'd like to, can you tell me why?
もしよかったら、理由を聞かせてもらえないかな?

相手が友人の場合、ちょっと丁寧すぎるかも。カウンセラーなどが患者に尋ねるときに使うようなフレーズ。

That was because ...?
それって、理由は…?

遠慮がちで、相手の立場に立った尋ね方。相手はこのフレーズに呼応して、そのまま理由を続けて言えるので、答えやすい。優しい言い方なので、答えたくない場合は言わずにすみます。

How come?
え、どうして?

How come? は Why? と同じ「なぜ?」という意味ですが、Why? よりソフトな響きになります。Oh, how come? と言うとさらにソフトに。

Why?
なんでだよ?

同情を込めて、ソフトに言えばOK。ただし、適切なイントネーションで言わなければ、批判している

ように聞こえてしまいます。

 Why did you do that?
なんでそんなバカなことしたの？

言い方によっては、Why in the hell did you do that?（いったい全体、なんでそんなことしでかしたんだ？）の省略に聞こえることがあります。そうなると、相手を強く批判していることになってしまうので注意。

 What were you thinking?
君、いったい、なに考えてたんだ！

「どういう考えで、そうしたの？」と聞きたくて、このフレーズを使ったら大変です。「いったい、なに考えてんの？　ちょっと頭おかしいんじゃない？」というひどいことばになってしまいます！

How come? の使い方

How come? は How does it come about (that)...? を短くしたもの。**come about** は「起こる」という意味。つまり、「どうやってそれが起こるの？」「どうして？」「なぜ？」ということです。

Why? よりソフトな印象になるため、会話では How come? をよく使います。

単独でも使えますが、節をつけてこんな感じの表現にすることもできます。

How come this printer doesn't work?
なんでこのプリンター、動かないのかな？

How come we have to work on Saturday?
どうして土曜日に仕事しなきゃならないの？

How come you don't like him?
なんで彼を嫌うの？

CHAPTER 3

「オフィス」のNGがここに!
ビジネスでの表現

01 声をかける

ちょっとした話をしなければならない相手に、
「ちょっとお話があるのですが」と声をかけたい。
こんなとき、なんと言う?

I want to talk to you.

ネイティブには こう伝わる　君に言っておきたいことがある!

 上司に言うニュアンス

- Could I have a minute of your time?
- Could you spare me just a minute?
- I need to talk to you about something.
- Can I have a minute?
- I want to talk to you about something.
- I want to talk to you.
- We need to talk.

 部下に言うニュアンス

Could I have a minute of your time?
ちょっとお時間をいただけませんか?

上司に声をかけたい場合、あるいは営業で社外の人に使う場合、これくらい丁寧な言い方にする方が安全。

Could you spare me just a minute?
ちょっとだけ、お時間いただけますか?

ここでのspareは「大事なものや数少ないものを分かち合う」という意味。
そのためこのひと言で「あなたの貴重なお時間を、私に分けてもらえますか?」という気持ちが伝わります。

I need to talk to you about something.
ちょっとお話したいことがあるのですが。

I want to ... と言うと、どこかしら命令的な感じが伴うのに対し、I need to ... にすると、多少なりともやわらかな印象になります。
さらに about something をつけることでソフト感が出ます。

Can I have a minute?
ちょっといいかな?

Could I have a minute of your time? をカジュアルに

3章「オフィス」のNGがここに! ビジネスでの表現

したもの。
親しい間柄なら、このフレーズで充分。

I want to talk to you about something.
ちょっと話したいことがあるんだけど。

単に I want to talk to you. と言うと強い響きになりますが、about somethingを加えるだけで少しソフトになります。

I want to talk to you.
君に言っておきたいことがある。

上司に向かって言うと失礼！ 部下に向かって言うと、言われた側は「何かヘマしでかしたかな？」とヒヤリとするでしょう。

We need to talk.
話がある。

これも深刻味の漂う、かなり強い言い方。言われた方は「左遷？ まさかクビ？」なんて心配するかも。たとえば夫婦間だったら、離婚話などを切り出すときのフレーズ。

minute は「一瞬」のこと

minute はもちろん「分」という意味ですが、会話で使うフレーズでは、「ちょっとの間、一瞬」という意味で使われることが多いのです。
たとえばこんな感じ。

Hang on a minute.　ちょっと待ってて。
　　　　　　　　　（＊電話でも使えます）

Now just a minute!　ちょっと待てよ、そうかな？
　　　　　　　　　（＊相手の意見に異議があるときに）

I'll be with you in a minute.　すぐ戻ります。

Come here this minute.　今すぐ来い。

02 勤め先を聞く

会社に訪ねてきた相手に、勤め先を確かめたい。
「お勤め先はどちらですか?」と言いたいとき、なんと言う?

Who are you?

ネイティブには
こう伝わる　　お前は、誰だ?

 丁寧な尋ね方

- May I ask whom you are with?
- May I ask who you're with?
- And you're with ...?
- Who are you with?
- What company do you work with?
- What company do you work for?
- Who are you?

 ぶしつけな尋ね方

May I ask whom you are with?
どちらにお勤めか、お伺いしてもよろしいでしょうか？

フォーマルな表現で、問題はありませんが、丁寧すぎて、相手が恐縮する可能性も。この whom you are with という表現に注目。この with は所属する勤務先を表す with なのです。

May I ask who you're with?
お勤め先をお伺いしてもよろしいですか？

このフレーズはこちらから先に言うのではなく、May I ask whom you are with? と相手に尋ねられた後に、May I ask who you're with? というふうに、相手に尋ね返す場合に使うと自然な感じで使えます。

And you're with ...?
えっと、お勤め先は…。

この言い方を身につけておくととても便利！「確か存じ上げているはずなのですが…」のようにナチュラルに尋ねるテクニック。相手は初対面でもOK。

Who are you with?
お勤め先は?

「誰とご一緒ですか?」という意味ではない点に注意。「誰と一緒ですか?」は、Who did you come with? です。What company で始めるより、Who are you with? と言う方が、ストレートすぎない、やわらかな言い方になります。

What company do you work with?
どこの会社にお勤めですか?

一般的なフレーズで、ややクールな尋ね方。

What company do you work for?
どこの会社のために働いているのですか?

上記表現のwithをforに置き換えただけですが、ここがポイント。forだと「会社のために」、つまり「会社が従業員より上」というニュアンスになってしまうのです。自分のことを
I work for ABC.(私はABC社に勤めています)
という場合はOKですが、人からforを使われると、ちょっと嫌な気がする人もいるでしょう。
相手には、
Do you work with ABC?(ABC社にお勤めなのですか?)
と尋ねましょう。

Who are you?
お前はだれだ？

とても失礼な尋ね方。このフレーズは「お前はだれだ？」という意味の他、分不相応に生意気なことを言う相手に向かって、「何様のつもりだ？」という意味でも使います。

これは Who do you think you are? の短縮版。

「どなたですか？」

「どなたですか？」と言いたいときも、Who are you? ではぶしつけです。そんなときは、こう言います。

①ドアをノックする相手に対して：
Who is it? / Who's there?

②電話の相手に対して：
Who is this? / Who's calling? / Who's speaking?

03 「説明が下手で すみません」

新商品の説明をしているけれど、うまく伝わっているか不安。そこでひと言「説明が下手で、すみません!」と言いたい。
こんなとき、なんと言う?

キケン! Do I make myself clear?

ネイティブにはこう伝わる　こんな簡単なこともわからないの?

「こちらのせいです」

- I'm sorry for confusing you.
- Please let me know if something isn't clear.
- I hope I'm making sense.
- Sorry if I'm confusing you.
- I hope I'm not confusing you.
- Do you follow me?
- I hope you're getting this.
- Do I make myself clear?

「そっちが悪い」

I'm sorry for confusing you.
混乱させてしまい、申し訳ございません。

丁寧な言い方ですが、これではちょっとへりくだりすぎで、相手が恐縮してしまうかも。

Please let me know if something isn't clear.
わからないことがありましたら、ご質問ください。

直訳すると「なにか明確でないことがありましたら、私にお知らせください」となります。充分丁寧な言い方で、スピーチなどでよく使いますが、会話ではあまり使わないので、ちょっと違和感があるでしょう。

I hope I'm making sense.
私の説明が意味をなしているとよいのですが。

make sense は「意味をなす」ということ。「私の話がチンプンカンプンでないといいのですが」という感じの謙遜した言い方。また I hope this is making sense. という似た表現もあり、この方が謙遜度合いは低くなります。

Sorry if I'm confusing you.
もし混乱させていたら、ごめんなさい!

よく使われるカジュアルなフレーズ。これなら相手

も恐縮しません。

I hope I'm not confusing you.
混乱させていないといいのですが。

これは実際に説明がかなり難しいケース、あるいは自分の英語に自信がないときなどに使えます。

Do you follow me?
私の言ってること、わかってます？

followには「人の話を理解する」という意味があります。このフレーズは、同等か目下の人が相手になら使えます。

I hope you're getting this.
ちゃんと理解してくれてるかなぁ。

直訳は「説明を理解してもらえているといいのですが」ですが、実は「話の内容が君にはちょっと難しいでしょうが、大丈夫？」というニュアンス。

Do I make myself clear?
こんな簡単なこともわからないの？

直訳は「私自身を明確にできてますか？」なので、「私の言うこと、わかりますか？」と言いたいときに使えそうですが、実は「こんな簡単なこともわからな

いの?」というニュアンス。
親や先生が言うことを聞かない子どもに対して使うフレーズなので要注意!

Did I make myself clear?

Do I make myself clear? を過去形にした
Did I make myself clear?
は、「私の言った意味、わかりましたか?」という意味で使うことがあります。
けれどこれもイントネーションや状況によって「わかんないの?」というニュアンスに受け取られる可能性があるので、自信のない人には、あまりおすすめできません。

04 「他になにかありますか?」

頼まれた仕事を終えたところです。
「他になにかありますか?」と尋ねたいとき、なんと言う?

キケン! What else do you want?

ネイティブには
こう伝わる はいはい、あとはなに?

 丁寧な尋ね方

- Is there anything else I can do for you?
- Can I do anything else for you?
- Anything else?
- Do you need anything else?
- Do you want anything else?
- What else do you want?

 ぶしつけな聞き方

Is there anything else I can do for you?
他になにか手伝えることはありますか？

喜んで手伝っているという気持ちが伝わります。フォーマルな言い回しで、上司に対しても使えます。

Can I do anything else for you?
他になにかできることあるかな？

フレンドリーで、ポジティブな言い方。

Anything else?
他になにかあるかな？

Is there anything else I can do for you? などの省略。一見ぶっきらぼうな感じに見えますが、実はフレンドリー。相手が友人や同僚なら、これがおすすめです。

Do you need anything else?
他になにか必要？

カジュアルなレストランのスタッフが客に対して「他にご注文は？」というときによく使うフレーズですが、親しい友人になら、使ってもいいでしょう。

Do you want anything else?
他になにかやって欲しい？

ちょっとイライラしている感じが含まれます。want という語を使うと、「…して欲しいの？」というちょっと嫌な感じのニュアンスが伝わってしまうのです。

What else do you want?
はいはい、あとはなに？

このフレーズは「あとはなに？」という失礼な響きに聞こえてしまいます。want を need に換え、What else do you need? とすると、やや丁寧になります。

他になにかご入用ですか？

ショッピング中、店員さんとのやりとりで、
「他になにかご入用ですか？」
ということばが交わされます。もちろんこれも、
What else do you want? と言うと「あと何が欲しいの？」となってしまいます。
この場合は、

How else can I help you?
Is there anything else I can do for you?
などのフレーズで表します。

ではここで、関連フレーズについてのクイズです。
Will that be all? は、なんという意味でしょう？

1　仕事は全部終わりそうですか？
2　全員そろう予定ですか？
3　他に注文はございませんか？
4　言いたいことはそれだけですか？

答え　3
Will that be all? は、**Do you need anything else?**
同様、レストランなどで注文をした後に、スタッフが「他にご注文はありませんか？」と聞くときに使うフレーズです。

05 「大丈夫、自分でできます」

That's a lot of work. Are you going to be okay?
「そんなに仕事を抱えて、大丈夫?」と気遣ってくれる相手に、
「大丈夫、自分でやれます」と伝えたいとき、なんと言う?

キケン! That's my business.

ネイティブには こう伝わる お前には関係ないことだ!

 ポジティブに伝える

- I'd be happy to do it.
- I can take care of it.
- I can do it.
- Let me do it.
- I'll handle it.
- I'll do it.
- That's my job.
- That's my business.

 相手をつきはなす

I'd be happy to do it.
よろこんでやります。

I'd be happy to .... は「よろこんで…します」というときに使える便利な表現。

I can take care of it.
まかせといてください。

take care of ... は「…を責任をもって引き受ける」という意味で、こちらのポジティブ感を伝えるのに適したフレーズ。

I can do it.
自分でやれます。

Iの部分にアクセントを置くと、「もちろん自分で!」というポジティブな感じになります。またdo itの部分にアクセントを置くと「やれます!」という感じに。平たく発音してしまうとポジティブ感が伝わらないので注意。

Let me do it.
私にやらせてください。

Let me ....（私に…させて）というフレーズは、提案や要求をソフトに伝えるのに便利な表現。たとえばLet me tell you something. は「おもしろい話を聞かせ

てあげよう」と相手の気を引くときに使うフレーズ。

I'll handle it.
自分でなんとかします。

handleは「問題などを処理する、扱う」という意味。「なんとかします」と言いたいときに使えます。

I'll do it.
自分でやります。

失礼ではないけれど、かなりストレートな言い方。明るく言えばポジティブになりますが、平たい調子で言ってしまうと、愛嬌のない言い方になってしまうので注意。

That's my job.
私の仕事ですから。

「当然私がやります」という感じのクールな言い方。

That's my business.
お前には関係ないことだ！

That's my job. と似ていますが、「ここは私の縄張りだから、入ってくるな」というニュアンスを含みます。このフレーズがもっとも多く使われるのは「お前には関係ない！」としつこい相手をつっぱねるケース。

That's my business の使い方(上級篇)

That's my business. は、こんなときに使えます。

What are you going to do with this money?
このお金、どうするつもり?
That's my business.
あんたに言う必要はない!

ここでの business は「仕事」ではなく、「関わるべき事柄、干渉する権利」という意味。
That's none of your business. や、
Mind your own business.
などはいずれも「余計なお世話だ!」という意味です。

06 やんわりとお願いする

仕事を頼んだ相手が躊躇している様子。でもなんとかお願いしたい!
あと一押しのことばとして「あなたならできます!」と言いたいとき、なんと言う?

I want you to do it.

ネイティブにはこう伝わる　もちろん君がやるんだよね?

 ソフトにお願いする

- It would really help if you could do it.
- Maybe you could do it.
- You can do it, can't you?
- I need you to do it.
- Please do it.
- I want you to do it.
- You have to do it.

 上から命令する

It would really help if you could do it.
やってもらえるとすごく助かります。

丁寧な依頼。相手への励ましにもなります。If節を前に出した If you could do it, it would really help. でも OK。

Maybe you could do it.
やっていただけませんか。

「もしかして、やっていただけますか？」という感じでお願いしたいときは、Maybe you could .... を使うと便利。

You can do it, can't you?
あなたならできる、できないとは言わせないよ！

「大丈夫ですよ！」と激励する感じに見えますが、実は命令的な響きを含んでいるので注意！

I need you to do it.
あなたにやっていただきたいのです。

強い感じがしますが、命令的ではありません。「やって欲しい」という強い気持ちを押し出したいとき使えるフレーズ。

Please do it.
お願いだから、やってくれ！

Please をつけると、逆に強い命令になってしまいます。

 I want you to do it.
もちろん君がやるんだよね？

直訳すると「君にやって欲しいんだ」となりますが、実際はそれよりもきつい感じ。「君がやるんだよね」と、すでに決まったことであるかのようなニュアンスになってしまいます。

 You have to do it.
やらなきゃダメ。

「いやかもしれないけど、やらないとダメ」と、親や先生が子どもに使うことが多いフレーズです。

シンプルな仮定法を使ってみよう!

「仮定法」と聞いただけで、文法嫌いな人は引いてしまうかも。でも、いろんな気持ちを伝えるのにとても役立つシンプルなフレーズがあるのでご紹介しておきます。

would は will の過去形ですが、実は would と言うだけで「仮定法」を示すと考えて間違いないでしょう。

I would. 私だったらやるな。
I wouldn't. 私だったらやらないな。

could も同様です。
I could. 私だったらできるのにな。
I couldn't. 私だったらとてもできないな。

07 同僚をほめる

ボスに「ベースアップをお願いします!」ときっぱり要求した同僚に向かってひと言。
「君って、勇気あるね!」と感心した気持ちを伝えたいとき、なんと言う?

You're pretty brave, aren't you?

ネイティブには こう伝わる　ふーん、それで、勇気を示したつもり?

「すばらしい!」

- I really admire your courage.
- I wish I had your courage.
- You have nerves of steel.
- You're pretty brave.
- You're pretty brave, aren't you?
- You have nerve.

「厚かましいね」

I really admire your courage.
君の勇気を心から賞賛するよ。

真剣なほめことば。ものすごい事をやってのけた相手に使う場合はOKですが、ちょっとしたことに使うと大げさな感じに。

I wish I had your courage.
ぼくも君みたいに勇気があればなぁ。

I wish I had your .... は「自分も君のような…を持っていればいいんだけど」という相手へのほめことばとして使えます。たとえば I wish I had your job. は「あなたの仕事を自分のものにしたい」という意味ではなく、「あなたはとてもおもしろい(良い)仕事をしていますね、いいですね」という意味です。

You have nerves of steel.
君、度胸あるね。

nerve には「神経」のほか、「勇気、度胸」という意味もあります。そのため have nerves of steel で「肝がすわってるね」という、ほめことばとして使えます。

You're pretty brave.
君、かなり勇気があるね。

この pretty は「かなり、なかなか」という意味。

You're pretty brave, aren't you?
ふーん、それで、勇気を示したつもり？

You're pretty brave. に、aren't you を加えただけなのですが、言い方によっては「…とでも思っているの？」「自分では…というつもりでしょうけどね」というニュアンスになってしまう可能性があるので注意！　かなりきつい皮肉になってしまうのです。

 You have nerve.
ずうずうしいやつだ。

同じnerveでも、一般に、nerves（複数形）だと「勇気」になりますが、You have nerve.（単数形）と言うと「厚かましい」という意味に受け取られるので、要注意！「ずうずうしいことするなぁ、ばかだなぁ」という感じになり、ほめことばどころか、けなし文句になってしまいます。

付加疑問に気をつけて!

付加疑問は「強調」したいときに使う、と思っている人も多いと思います。
ところが、ネイティブの会話では皮肉として使うことも多いので、注意が必要。もちろん、必ずしも皮肉として使うわけではありませんが、たとえば短いほめことばの後に

... aren't you?
... don't you?

などをつけ、「…じゃないですよね?」という皮肉として使うことがあるのです。
たとえばこんな感じ。

You're always on time, aren't you?
君っていつも時間守ってるよねー。
＊いつも遅刻ばかりする相手に向かって皮肉たっぷりに。

You gave a really good presentation, didn't you?
あなたのプレゼン、すばらしかったですねー、ね?
＊プレゼンに失敗したライバル社員などに向かって皮肉として言うことがあります。

08 励ます

I don't think I can do it.「ぼくにはできそうにないよ」と悲観的なことを言う相手に「まあ、やってみてよ!」と励ましのことばをかけたい。そんなとき、なんと言う?

Please make an effort.

ネイティブには こう伝わる やる気がないのはわかるけど、やるだけやってみたら。

 やんわりと励ます

- **I'd appreciate it if you could try.**
- **Just do whatever you can.**
- **It won't hurt to try.**
- **Just try.**
- **At least try.**
- **At least give it a try.**
- **Please try.**
- **Please make an effort.**

 皮肉まじりに命令する

I'd appreciate it if you could try.
やってみてもらえると嬉しいんだけど。

I'd appreciate it if .... は「もし…だととてもありがたいのですが」というとても丁寧な依頼の表現。

Just do whatever you can.
できる分だけでいいから、やってみて！

相手にプレッシャーを感じさせないよう、「やれるところまででいいから」と気遣った感じのいい表現。命令形ですが、逆にフレンドリーな感じで相手に安心感を与えます。

It won't hurt to try.
やるだけやってもいいじゃない。

hurt（傷つける）は、It hurt .... の形で「困ったことになる」という意味に。否定形にすると「それくらい、いいじゃない」と言いたいときに「使えるフレーズ」になります。
ちなみに、It doesn't hurt to ask. は頼み事を断られたときに「ちょっと頼んでみただけだよ」と返すことば。

Just try.
とにかくやってみて!

親しい相手を励ますときに使えるフレーズ。ただし、Just you try. と言うと「やれるもんならやってみろ!」と相手にケンカを売ることばになってしまうので注意。

At least try.
ともかくやるだけやってみて。

at least は「少なくとも」と覚えた人も多いと思いますが、「とにかく、せめて」という意味で使うことも多いのです。
同じ意味の At least give it a try. という形もよく使います。

Please try.
やってみるくらい、いいでしょう。

言い方によっては、「一応努力くらいしてみてよ、お願いしますよー」というちょっと失礼なニュアンスに受け取られる可能性があります。

Please make an effort.
やる気がないのはわかるけど、やるだけやってみたら。

make an effortと聞くと「努力する」というポジティブなイメージが浮かびますが、実は「一応努力する」という感じ。

よく使うフレーズ、At least make an effort.（とりあえずやってみたら）は、やってみようともしない相手にイラついたときに使うもの。こう言われた相手はプレッシャーを感じてしまうでしょう。

いろいろある「努力」のバリエーション

effort、endeavor、tryには、それぞれ次のような意味と用例があります。

effort：明確な目標を達成するための努力。名詞のみ。
We failed, despite our best efforts.
やれるだけやってみたけど、ダメだった。

endeavor：困難にもめげず、目的達成のために続けるたゆまぬ努力。動詞としても使える。
I endeavored to find an investor for our company.
我が社への投資者を全力で探した。

try：やるだけやってみる試み。動詞としても使える。
I don't have a good voice, but I'll try to sing.
あんまりいい声じゃないけど、歌ってみるよ。

09 「なんとかします!」

上司から、Can you finish this project by Tuesday? 「このプロジェクト、火曜までに仕上げてくれる?」と頼まれた。「なんとかします!」と答えたいとき、なんと言う?

I'll manage.

 すごく大変だけど、まあ、なんとかしましょう。

 やる気満々!

- Your wish is my command.
- I'll do it!
- No problem at all.
- Don't worry about anything.
- It shouldn't be a problem.
- Probably.
- I guess.
- Maybe.
- I'll manage.
- Okay, if I have to.
- Do I have a choice?

 しぶしぶ…

Your wish is my command.
かしこまりました。

直訳は「あなたの望みは私の命令です」。「あなたが望まれたことは私にとっては命令ですから、やります」ということで、もともと王様に対するかしこまった返事ですが、逆に冗談っぽく気さくな言い方として使うこともできます。

I'll do it!
やります！

字義通り「私がそれをやります」ということ。やる気を示したいなら、もちろん元気に言いましょう。

No problem at all.
まったく問題ありません。

単に No problem. と言ってもいいのですが、少しぶっきらぼうに聞こえることもあります。at all をつけることで、やる気と丁寧さを同時に出すことができます。

Don't worry about anything.
ご心配なく。

「何の心配もしないでください」と言うことで、「やりますよ」という気持ちを表せます。

Don't worry. に、about anything をつけるだけで、やる気と丁寧さを出すことができます。

It shouldn't be a problem.
問題ありませんよ。

「それは問題になるはずがありません」つまり「問題にならないよう、こちらでうまく取り計らいます」と請合うフレーズ。ビジネスの場で使うと「できる人だ」と思ってもらえます。

Probably.
まあ、いいでしょう。

「多分、大丈夫」というカジュアルな返事としては、会話でよく使われます。けれどビジネスの場で使うと、やる気のなさが強調されてしまうので注意。

I guess.
まあ、大丈夫かな。

guess は「思う」という意味ですが、単に I guess. と言うと、「まあ、多分大丈夫じゃないかな」「多分そうなんじゃないかな」というフレーズとして使えます。ちょっと自信はないけれど、多分、というときに使えます。

Maybe.
どうかな。

Maybe. というと「多分、大丈夫」という「あいまいな肯定」という感じがするかもしれません。けれどmaybeは「不確実性」を表すため、「どうかな、できないかも」という「あいまいな否定」を表す場合も多いのです。ビジネスの場では、使わない方が無難です。

 I'll manage.
すごく大変だけど、なんとかやりましょう。

「なんとかします」というと、I'll manage. を思い浮かべる人が多いかもしれません。ところが、使い方によっては「嫌だけど」という気持ちを打ち出してしまうので注意。
もともとmanageは「無理なことをなんとかする」というときに使うので、「すごーく大変で、本当は嫌だけど、まあなんとかしますよ」という感じになってしまうのです。

 **Okay, if I have to.**
はいはい、どうしてもっていうことなら。

「やりたくないけど、どうしてもと言うのなら、やりますよ」という感じ。相手の反感を買うのを覚悟で、嫌な気持ちを伝えたいようなケースでは使えます。

Do I have a choice?
やるしかないでしょ。

直訳すると「私に選択肢はありますか？」ですが、これは反語で、「選ぶ余地などない、命令ですからね」ということ。相手に怒っていることを示したいようなときには使えます。

guessのうまい活用法

guessという語にあまりなじみがない人も多いかもしれませんが、これは日常会話でよく使う動詞なので、ぜひ覚えておきましょう。
「推測する、思う」という意味で、
I guess I passed the test.
多分、試験に受かったと思う。
のように使うこともできます。
また、たとえばプレゼントを渡しながら、
Guess what?　何だと思う？
と言ったりすることもできます。

CHAPTER 4

カチンとくる相手に切り返す!
とっさのフレーズ

01 皮肉で撃退する

Let me copy off your report.「君のレポート、うつさせて〜」と毎度ずる賢く頼んでくる友人に、皮肉を使ってスマートに断りたい。そんなとき、なんと言う?

Oh, yeah.

ネイティブには こう伝わる もちろん、お断り!

(皮肉っぽく言わなければ、「うん、いいよ」と誤解されます!)

 やさしい断り方

- Sorry ....
- Well, I'd rather not.
- That's a joke, right?
- You're not serious, are you?
- Why would I do that?
- It's not going to happen.
- Oh, yeah.
- Fat chance.
- You're such a loser.

 きつい断り方

Sorry ....
悪いけど…。

断りたいときの素直でシンプルなフレーズ。相手との関係を悪化させたくない場合は、このことばがおすすめです。

Well, I'd rather not.
うーん、ちょっと気が進まないなぁ。

控えめな感じですが、やりたくない気持ちは充分伝わります。

That's a joke, right?
冗談ですよね？

ちょっと皮肉っぽい、うまい断り文句。ノンネイティブの場合、これくらいの軽い皮肉に抑えた方がいいかも。

You're not serious, are you?
マジじゃないよね？

「冗談ですよね？」と同じ意味ですが、皮肉のきかせ方としては、こちらの方がちょっときつくなります。

Why would I do that?
なんで私がそんなことしなきゃいけないの？

「なんでしなきゃいけないの？ しなくてもいいはず」という反語表現。ちょっとした怒りの気持ちが伝わります。

It's not going to happen.
ありえない！

これは皮肉というより、はっきりと「お断り！」と言いたいときのフレーズ。鈍い相手の場合、これくらいガツンと言った方がいいかもしれません。

Oh, yeah.
もちろん、お断り！

普通に言うと「うん、いいよ」の意味になってしまうので注意！ 目を上に向け、頭を横に振りながら皮肉たっぷりな感じで言うと「もちろん、ありえないでしょ」という意味になるのです。皮肉な言い方に自信がある場合は「イヤな相手」を撃退できるフレーズとして使えます。逆に、ネイティブからこう言われた場合、「OK」の返事だと誤解しないように！

Fat chance.
ムリ、ムリ。

直訳すると「たくさんのチャンス」となり、可能性が高いことを意味しますが、実はこれは反語的なイディオム。「チャンスはゼロに等しい」というときに使うフレーズ。

You're such a loser.
人間のクズめ！

loserは「敗者」のことですが、「ダメ人間」のような意味でも使います。よほど嫌な相手で、その図々しさやダメさ加減をはっきりと示したいときにのみ使ってください。

Good loser. とは？

日本では特に試合に負けた時など、自分をダメだと思いこみ、反省に反省を重ねる、という傾向があるようですが、英語には **good loser**（良い敗者）ということばがあります。

「負けっぷりのいい人」とでもいうような意味で、自分の負けを素直に認めた上で、勝者をたたえつつ、自分も次回に備えて前向きに準備する、といった人のこと。

頂点に立つ者以外はみな、loserなのですから、good loserを知っていると、ちょっと前向きになれますね。

02 抗議する

給料がまたもや下がるという。さすがに抗議しなければ。こんなとき、なんと言って抗議する?

Why did you do it?

ネイティブにはこう伝わる あんた、なんでそんなことしたの?

 ちょっと控えめな抗議

- What can I do to make sure this doesn't happen again?
- I'd like to know more about why this decision was made.
- I'm afraid I can't understand this decision.
- I have to say, I didn't expect this.
- I need to tell you that I don't agree with this decision.
- I'd like to protest this decision.
- Why did you do it?
- I'm not going to take it.
- Okay, but I'm going to quit.
- Okay, but I have a plan of my own.

 断固たる抗議

What can I do to make sure this doesn't happen again?
再びこうならないようにするには、私はどうしたらいいでしょう？

一応、抗議文句としての効果はあります。けれど、こちらの怒りを伝えるには、ちょっと物足りない言い方。

I'd like to know more about why this decision was made.
なぜこの決定がなされたのか、詳しく知りたいのですが。

訳どおり、かなり冷静な言い方です。

I'm afraid I can't understand this decision.
申し訳ないのですが、この決定には納得できません。

... I don't understand .... でもOKですが、can't を使うことで「納得しようと努力したけど、どうしても無理」という、こちらの辛い立場をアピールすることができます。

I have to say, I didn't expect this.
残念ですが、期待はずれと言わざるを得ません。

「自分はこんなにがんばってきたのに、ひどいですよね」というニュアンスを含む言い方。

I need to tell you that I don't agree with this decision.
残念ながら、この決定には賛成しかねます。

丁寧ですが、異議申し立ての意思ははっきり伝わります。

I'd like to protest this decision.
この決定に抗議します。

ストレートに異議申し立ての意思を伝える言い方。

Why did you do it?
あんた、なんでそんなことしたの?

Why ...? Because ...? のやりとりは角がたち、ケンカに発展する場合が多いので、うまく話をまとめたいときには適していません。

I'm not going to take it.
我慢しませんからね!

「私はそれを受け入れないつもりです」ということですが、実際はかなり強い言い方になります。

Okay, but I'm going to quit.
いいですよ、でも辞めますからね。

「やれるならやってみれば」という感じの、脅し文句。

Okay, but I have a plan of my own.
いいでしょう、それならこちらにも考えがあります。

quit という語をあえて使わないことで、「なにをするつもりだろう？」と余計に相手の不安感をあおる脅し文句。

悪いことを言うときの前置き

悪いことを言う前には、こんなフレーズをつけましょう。

I'm afraid ....　残念ながら…。
I have to say, ...　言いにくいのですが…。
I need to tell you that ....　話さなきゃならないことが…。

03 叱る

仕事で毎回うっかりミスをする部下が、またもややらかした！ こんなとき、なんと言って怒ればいい?

 What's wrong with you?!

ネイティブには
こう伝わる　頭おかしいんじゃない?

 軽く叱る

- Again?
- Are you trying?
- Are you even trying?
- Are you doing it on purpose?
- What were you thinking?
- What's wrong with you?!
- Can't you do anything right?
- You're such an idiot!
- You idiot!

 きつく叱る

Again?
またか?

失敗を繰り返す人や、何度もおねだりしてくる人などに対して使うと、「ちょっと、また? いい加減にしてよ」という気持ちが伝わります。

Are you trying?
努力してる?

「あなたトライしてる?」というこのフレーズ、実は怒りの気持ちを示す表現。
問い詰めるように言うと、かなり厳しい感じになる上、答えようのない質問なので、問われた側もかなりのプレッシャーになります。

Are you even trying?
ほんのちょっとでも努力してる?

evenが加わると、さらに厳しい問い詰め方になります。「ほんのちょっとだって、努力してないでしょう? え? どうなの?」というニュアンス。

Are you doing it on purpose?
わざとやってるんでしょ?

on purposeは「故意に」という意味。この言い方にするとかなり強い怒りの気持ちが伝わります。

What were you thinking?
なに考えてたんだか。

「なにを考えていたの？ どうせなにも考えてなかったでしょ」ということ。「アホか」に近いニュアンス。

What's wrong with you?!
頭おかしいんじゃない？

Something is wrong with the PC. は「そのパソコン、どっか狂ってる」という意味ですが、人に対してWhat's wrong with you? と言うと、「あなた、気でもおかしくなったの？」というニュアンスになります。

Can't you do anything right?
なにひとつちゃんとできないのね？

かなり厳しく相手を責めることば。皮肉もきいているので、かなりこたえるフレーズです。

You're such an idiot!
おまえは、ほんとにバカだ！

ストレートに相手を罵倒することば。

You idiot!
バカか、おまえは！

You're such an idiot! を短くした言い方ですが、こうすることで、さらにきつい言い方になります。

You 〜！の形で罵倒する

You 〜！の形で相手を責めるフレーズはいろいろあります。一番よく使われるのは **You idiot!** ですが、他にも、
You moron! You dunce! You dummy! You dumb-ass! You pea brain! You birdbrain!
などがあります。
いずれも「このバカめ！」と相手をきつく罵倒することばです。

04 噂話をする

ちょっと変わり者の同僚のエンジニアについて、うわさしています。
「彼、ちょっと変わってるからね」とやんわり表したい。
そんなとき、なんと言う?

キケン! He's queer.

ネイティブには
こう伝わる　**彼はゲイだ!**

「ちょっと変わってる」風

- He's not a typical engineer.
- He's a little different.
- He's unusual.
- He's strange.
- He's odd.
- He's queer.
- He's creepy.
- He's freaky.

「彼は異常」風

He's not a typical engineer.
彼は他のエンジニアとはちょっと違うからね。

typical（典型的な）を否定形にすることで、「普通とはちょっと違う」というニュアンスをソフトに表すことができます。
engineerの部分は状況によって他の語に変えてください。

 ## He's a little different.
彼はちょっと変わってるからね。

「普通と違う」という感じのソフトな言い回し。元来differentにはネガティブなニュアンスはないので、「変わった」の婉曲表現として便利。コラムを参照。

He's unusual.
彼って、独特だから。

unusualは「普通でない、異常な」という意味ですが、場合によっては「並外れた」という感じのほめことばにも。たとえばa scholar of unusual abilityと言うと「非凡な才を持つ学者」となります。

 ## He's strange.
彼ってヘンなヤツ。

これはちょっとけなした言い方。He's strange, but I

like him. とフォローすれば、なんとかOK。

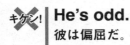

He's odd.
彼は偏屈だ。

odd は普通、「暗い感じの変わり者」「風変わりで、他人と親しく変わらない」という人に対して使います。

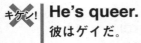

He's queer.
彼はゲイだ。

queer は、a queer hat（ヘンな帽子）のように、人以外に使うと「ヘンな」という意味になります。そして「人の性格」の話をしている場合は「奇人変人」というニュアンスになります。
なので He's queer, but I like him.（彼は奇人だけど、ぼくは好き）という表現は可能。
注意が必要なのは「人の性格」の話だと明確でない状況で唐突に He's queer. と言うと、「ゲイ」という意味に受け取られてしまうという点です。

He's creepy.
彼って不気味〜。

creepy にも「ヘンな」という意味がありますが、これは「不気味な、ぞっとするような」というニュアンス。なので He's creepy, but I like him. とフォローするのはちょっと無理があります。

He's freaky.
彼、ちょっと異常!

freakyは「ヒッピーのような」という意味もありますが、単にHe's freaky.と言うと「異常だ」という感じで、かなり嫌な相手に使う、強くストレートな表現になります。

---

differentの巧妙な使い方

differentを使った婉曲表現をひとつ紹介しましょう。
cosmetically different(美容的に変わっている)とはどんな意味でしょう?
実はこれ「ぶさいくな(ugly)」の婉曲表現なのです。

05 不信感を表す

He said he's going to quit. 「彼、会社を辞めるって」と言う相手に、「彼がそう言ったとは思えないけど」と言いたいとき、なんと言う?

キケン! I doubt he said that.

ネイティブには こう伝わる　彼がそう言ったなんて、ウソだ!

 やんわり反対

- I kind of think he didn't say that.
- Are you sure he said that?
- I can't believe he would say that.
- He probably didn't really say that.
- I doubt he said that.
- I know he didn't say that.
- You're wrong.

 相手を非難しながら反対

150

I kind of think he didn't say that.
彼はそんなこと言わなかったんじゃないかと思うけどなぁ…。

このkind ofは「ちょっと」という意味でカジュアルな会話でよく使う表現。伝えたいことをやんわり言うときに使えます。ただしkind ofを入れない場合、I think he didn't say that. ではなく、I don't think he said that. となる点にも注意してください。thinkを使った文を否定形にする場合、I don't think .... とします。kind ofを入れた場合は例外だと理解してください。

Are you sure he said that?
確かに彼がそう言ったの？

「それ、本当なの？」と相手を疑っているような言い方になってしまい、ちょっと失礼。

I can't believe he would say that.
彼、本当にそう言ったのかな？

直訳は「彼がそう言ったなんて信じられない」。
このI can't believe .... というフレーズには2種類の意味があります。まじめな感じで言うと「本当そう言ったのかな」というニュアンスを出せます。これを元気に明るく言うと、「すごい！ 信じられない！」という意味になってしまいます。使い分けに

注意しましょう。

He probably didn't really say that.
多分、彼はそう言ったんじゃないと思うなぁ。

probablyを入れることで、「私としてはこう思うんだけど」という気持ちを示すと同時に、言いたこともはっきり伝わります。逆にprobablyを入れ忘れると断言となり、失礼な言い方に！

I doubt he said that.
彼がそう言ったなんて、ウソだよ。

一見「そうかなぁ？」というときに使えそうに思えますが、要注意！ これでは暗に「あなた、ウソついてるでしょ？」と言っていることになるからです。相手に面と向かって言うと、Are you calling me a liar?（私をウソつきよばわりする気？）と反感を買う可能性が！ 詳しくはコラムを参照。

I know he didn't say that.
彼がそんなこと言ったなんてありえないね。

I know（知っている）は実は「…だということは自分にははっきりわかってるんだ」という強い表現。つまりこれも相手の言うことを真っ向から否定し、「ウソだ」と言っているのと同じニュアンスになるのです。

You're wrong.
君、間違ってるよ。

相手を否定する、かなり強い言い方。That's wrong. なら、まだいくぶんソフトですが、You're wrong. と言うとケンカを売っているような雰囲気になってしまいます。

同じ「疑う」でも大違い! doubt と suspect

doubt と suspect。
どちらも「疑う」という日本語に訳されているため、区別せずに使っている人もいるのでは?
ところがこのふたつ、使い方を間違えると、とんでもないことになるのです。

次のふたつの文章は、どんな意味だと思いますか?

① **I suspect that he stole the money.**
② **I doubt that he stole the money.**

実は①と②では、まったく逆の意味になってしまうのです!

①は**「お金を盗んだのは、彼だと思う」**
②は**「お金を盗んだのは、彼ではないと思う」**

suspectは「きっと…だと疑う」という意味。
これに対し、**doubt**は「きっと…ではないのではないかと疑う」という意味なのです。
この区別を明確にしなければ、大変な誤解を生むことになることをくれぐれもお忘れなく！

CHAPTER 5

つい言ってしまいがち!
デートのときのNGフレーズ

01 デートに誘う

気になっている相手と野球の話をしていたら、同じチームのファンだと判明。思い切って野球観戦に誘ってみることに。「土曜の試合、見に行かない?」とさりげなく誘うには?

  I'd like to ask you to go to the game with me on Saturday.

ネイティブにはこう伝わる　土曜の試合、どうか私にご同行願えませんでしょうか?

 相手の負担になりにくい軽い誘い方

- I'm going to the game on Saturday. Want to come?
- Hey, how about going to the game on Saturday?
- Maybe we could go to the game on Saturday?
- Do you want to go to the game on Saturday?
- Would you like to go to the game on Saturday?
- I'd like to ask you to go to the game with me on Saturday.

 相手が断りにくい硬い誘い方

I'm going to the game on Saturday. Want to come?
土曜の試合に行くつもりなんだけど、一緒に行く？

「自分は行くつもりだけど」という言い方なので断られても会話が凍りつく心配はありません。ぜひ身につけたいフレーズ。Want to come? は Do you want to come? の略で、よく、さらに略した Wanna come? [ワナカム]の形で使われます。

Hey, how about going to the game on Saturday?
そうだ、土曜日の試合、行かない？

Hey, ... は呼びかけなどの他、「そうだ！」と、たった今思いついたことを言うときにも使えます。ただしどちらかというと男性的な言い方。こういう「思いつき的誘い文句」なら相手も気楽に受けられます。

Maybe we could go to the game on Saturday?
どうかな、一緒に土曜の試合に行くっていうのもありじゃない？

問いかけのような感じで、カジュアルに使えるフレーズです。

Do you want to go to the game on Saturday?
土曜の試合、見に行きたい？

ストレートな言い方ですが、かしこまった言い方より、逆に気楽に受けられます。

Would you like to go to the game on Saturday?
よろしければ、土曜の試合に行くというのはいかがでしょう？

一見丁寧で、いい誘い方のように見えますが、丁寧すぎるため、こう言われると相手は断りにくくなってしまうでしょう。

I'd like to ask you to go to the game with me on Saturday.
土曜の試合、どうか私にご同行願えませんでしょうか？

あまりに丁寧すぎて、相手はとても断ることができません。これではかえって相手に迷惑をかけてしまうことになるでしょう。

いろいろな場所に誘ってみよう

I'm going to the game on Saturday. Want to come? というフレーズにちょっと手を加えるだけで、いろいろな状況に応用することができます。

I'm thinking about going to the Madonna concert in January. Want to come? 1月のマドンナのコンサートに行こうかと思ってるんだけど、一緒に行く？

Maybe I'll go to the zoo this weekend. Want to join me? 今週末、動物園に行くかも。一緒にどう？

I can't wait to go to see that new Oliver Stone movie. Are you interested? オリバー・ストーンの新作映画を観るのが待ちきれないよ。興味ある？

I'm planning on going mountain climbing. How about joining me? 山登りの計画があるんだけど、一緒に行く？

02 食事に誘う

ちょっと気になっている人をディナーに誘いたい！
「ディナーを、ご一緒にいかがですか?」と言いたいとき、
なんと言う?

I'd like you to have dinner with me.

ネイティブには こう伝わる 君には私と一緒にディナーに行ってもらいたいのだ。

 （良い意味で）控えめに、さりげなく誘う

- Perhaps we could have dinner or something sometime.
- Why don't we have dinner?
- What about going to dinner?
- Let's have dinner on Friday.
- I'd like you to have dinner with me.
- I want you to go to dinner with me.
- We're going to have dinner on Friday.

 相手が断りにくい硬い誘い方

Perhaps we could have dinner or something sometime.
あの、よろしければいつかディナーでも、ご一緒しませんか。

「ネイティブは、どんなときでも物事をハッキリ言う」と思っている人も多いかもしれませんが、... or something sometime というようなあいまいな言い方もあるのです！ もちろん、これでは「あいまいすぎる、もっとハッキリして」と感じるネイティブもいるでしょうが。

Why don't we have dinner? ... Maybe Friday?
ディナーを一緒にどうかな？ えっと、金曜日にでも。

「思いつきで誘ってみた」というニュアンスのフレーズ。「一生懸命計画した感」がないので、相手の負担になりにくいという面でもおすすめです。

「思いつき」で誘っているわけなので、日にちも、... Maybe Friday? のように後から加える形で示すのが自然。初ディナーの誘いに、ナチュラルな感じで使えます。

What about going to dinner?
ディナーに行くのはどうかな？

What about ...? は相手の意向を尋ねる、とてもカジュアルなフレーズ。すでに付き合っている相手や、親しい友人を気軽に誘うときに使います。

Let's have dinner on Friday.
金曜にディナーに行こうよ。

これも恋人や友達に対して使う、きわめてカジュアルな誘い文句。

I'd like you to have dinner with me.
君には私と一緒にディナーに行ってもらいたいのだ。

一見丁寧な言い方に見えますが、実はかなり命令的な表現。「君に、…してもらいたいのだが」という感じになってしまうのです。デートに誘うにはふさわしくありません。

I want you to go to dinner with me.
あなたは、ぼくと一緒にディナーに行くんだ。

I want you to .... は、もうほとんど命令。「…したま

え、してくれ」という感じです。

We're going to have dinner on Friday. Okay?
金曜はディナーに行くからな。わかったな。

We're going to .... は「もうそれは決まっていることだ」という感じ。
このフレーズのあとに「いいかな？」と言いたくて Okay? をつけても、「わかったな」という命令的念押しになり、余計に威圧感が高まります。

「…してはどう?」のバリエーション

Why don't you ...? は「…するのはどうかな？ …したい？」と相手の意向を尋ねるフレーズですが、you を we にした **Why don't we ...?** は「一緒に…するのはどうかな？」という上手な誘い文句になります。

03 「おまかせします」

付き合いはじめたばかりの彼に Would you rather have Italian or Chinese for dinner? 「夕食は、イタリアンと中華どっちがいい?」と聞かれた。
「おまかせします」と答えたいとき、なんと言う?

 I'm easy.

 私は尻軽よ。

 ポジティブにおまかせする

- Whatever you suggest would be great.
- Anything's fine with me.
- I'm easy.
- I'll let you decide.
- I'll leave it up to you.
- It's up to you.
- I don't care.
- Whatever.

 ネガティブにまかせる

Whatever you suggest would be great.
あなたのおすすめなら何でもうれしいです。

とてもポジティブな感じで相手を立てた丁寧な言い方で、いい印象を与えます。greatの代わりにwonderful, nice, fineなどいろいろ置き換えられます。

Anything's fine with me.
何でもOKよ。

こちらの柔軟性を表しつつ、フレンドリーな感じを与える言い方。

I'm easy.
なんでもいいですよ。

I'm easy. は I'm easy to please.(私を喜ばせるのは簡単)を短くしたもので、「私は何でもOKだ」という自分の柔軟性を示す表現になります。けれどI'm easy. には「私は尻軽だ」という裏の意味もあるので注意! コラムを参照。

I'll let you decide.
あなたが決めてください。

命令的ではありませんが、フレンドリー感も含まれない、ドライな感じの表現。

I'll leave it up to you.
あなたにおまかせします。

上司が部下に「君にまかせるよ」と言ってるように聞こえるかもしれませんが、実はそこまで乱暴な言い方ではありません。

It's up to you.
まかせるよ。

「あなた次第だ」ということですが、言い方によっては「私に責任を押し付けないで」というニュアンスを含むこともあります。

I don't care.
どうだっていいよ。

言い方次第でニュアンスが変わりますが、イントネーションを間違えると「どうでもいいよ」という投げやりな感じに伝わってしまいます。コラムを参照。

Whatever.
どうでもいいなぁ。

これは Whatever you suggest would be great. を略したものですが、略すことで「どうでもいい」という、投げやりなニュアンスになり、さらには「どちらにしろ、いいはずがない」という強い皮肉も含むこと

に。ケンカにつながりかねないので要注意。

I don't care. に要注意!

I don't care. は日本人が使いがちなフレーズですが、これは注意が必要。ポジティブなイントネーションで言えば「なんでもOK」という意味で伝わりますが、イントネーションを誤ると「どっちでも。興味ないし」という、とてもひどい返事になってしまうのです!

また **I'm easy.** も要注意。単に I'm easy. と言った場合、どんな意味だと思うかをネイティブに尋ねてみたところ、5人中3人が「私は尻軽だ」と答えました!
Sheを主語にした **She's easy.** の場合、「彼女は尻軽女」という意味だと思われる可能性は100％に近いでしょう。
誤解を避けたいなら **She's easy to please.** という形を使いましょう。

04 「ありがとう!」

I made you a birthday cake. Here you are!「君に誕生ケーキを作ったんだよ。ジャーン、さあどうぞ!」と彼。感激して「ありがとう!」と言いたいとき、なんと言う?

 Thank you very much.

 はいはい、どーも。

 感謝感激!のフレーズ

- Oh, you really shouldn't have done that.
- Oh, you shouldn't have.
- I'll never forget this.
- Thank you very much.
- Thanks a lot!
- Thanks a million.
- Wow, thanks!
- Thank you.
- Okay, thanks.

 気のない感謝

Oh, you really shouldn't have done that.
わあ、そんなことまでしてくれるなんて！

直訳は「まあ、本当にそんなことしてくれなくてもよかったのに」。「してくれなくてもよかったのに」ではお礼にならないような気もしますが、これは感激して「そんなことまでしてくれたの?」という意味の表現です。

Oh, you shouldn't have.
わあ、そんなことしてくれたの！

上記フレーズを短縮したもの。丁寧すぎず、相手を思いやる気持ちも込められたフレーズで、お礼に最適です。

I'll never forget this.
このことは忘れないよ！

感激と感謝の気持ちをうまく表せるフレーズ。

Thank you very much.
はいはい、どーもね。

お礼の「定番フレーズ」として、誰もが知っている表現。もちろんイントネーションによっては感謝の気持ちが伝わりますが、言い古されているためうまく

5章 つい言ってしまいがち！ デートのときのNGフレーズ

気持ちが込められず、形式的に「はい、どうもね」と言ってるように聞こえてしまうことが多いのです。しかも平たく発音すると「よくもやってくれたね」という皮肉に聞こえることも。誤解を避けるにはveryを強調して言えばOKです。

Thanks a lot!
どうもありがとう！

一般的なお礼のことばですが、Thank you very much. よりは、気持ちを込めやすいフレーズです。a lot（たくさん）は「とても」という意味でも使います。「使えるフレーズ」なので、口をついて出るようにしておきましょう。

Thanks a million.
すっごくうれしい！

a lotをa million（100万、これも「とても」のこと）にすることで、「ものすごく」という気持ちが出せます。

Wow, thanks!
うわぁ、ありがとう！

シンプルですが、驚いた気持ちと、感謝の気持ちを同時に表せる言い方です。
本当に驚いたときは、こんな表現しか出ないかもしれませんね。心を込めて言えば大丈夫。

Thank you.
ありがとう！

心を込めて、強くはっきりと発音すればOK。

 Okay, thanks.
そう、どうもね。

これは何かを頼んだ相手からNo.と言われた場合などに、「そっか、わかった、ありがとう」という感じで使います。もちろん、プレゼントのお礼には適していません。

いろいろ使える should(n't) have done

たとえば、**You should have been more careful.** は「あなたはもっと注意すべきだったのに、しなかったからこうなったんだ！」と相手を非難することば。Iを主語にして、**I shouldn't have done that.** と言うと「やらなきゃよかった」という後悔の念を表す表現になります。

05 気持ちを伝える

何度かデートした後、ついに告白することに。
「好き」という気持ちをうまく伝えるには、どう言えばいい?

I love you with all my heart.

ネイティブには
こう伝わる　心から君を愛しているんだ、この気持ちわかってくれ〜。

 軽い感じの告白

- You're not half bad.
- I think I kind of like you.
- I want to get to know you better.
- I think I'm starting to like you.
- If you're not careful, I might fall in love with you.
- I'm falling in love with you.
- I need you.
- I love you.
- I can't live without you.
- I love you with all my heart.

 重い感じの告白

以下のフレーズは、すべて男女共通です。

You're not half bad.
あなたって、まんざらでもないね。

not half bad はかなり控えめながらも一応ほめことば。「悪くないね、なかなかいいね」という感じ。相手の反応をみて、いい反応なら I love you. と言えます。

I think I kind of like you.
あなたのこと、なんとなく好きかも。

kind of は「ちょっと」という意味。上記フレーズ同様、まずはこう言ってから、相手の反応を見ましょう。いい感じであれば I love you. などと続けてください。

I want to get to know you better.
あなたのこと、もっと知りたいな。

これで、自分が相手に興味や好意を持っていることは充分伝わります。

I think I'm starting to like you.
あなたのこと、好きになり始めてるかも。

I like you. を回りくどく言うことで、相手を驚かせないようにする気遣いが感じられます。

If you're not careful, I might fall in love with you.
気をつけないと、あなたに恋しちゃうかも。

自信のある人は、これくらい気の利いた言い方をすると、相手もドキドキするでしょう。

I'm falling in love with you.
あなたに恋しちゃってるみたい。

ストレートな言い方。自信のない人は控えましょう。相手の反応が冷たい場合、何とか救われるギリギリのライン。

I need you.
あなたが必要なんだよ。

I love you. の一歩手前の表現。断られた場合、仕事上必要なんだ、などと、なんとかごまかすことはできます。

I love you.
あなたを愛しています。

いきなりこう言うと、相手はびっくりするでしょう。断られた場合の対処法は、次項目のコラムを参照。

I can't live without you.
あなたなしでは、生きていけない。

映画やドラマのような一言です。心底好きな人に告白するとき使いましょう。

I love you with all my heart.
心からあなたを愛しているんだ、この気持ちわかってくれ～。

これは自分のもとを去ろうとする恋人を、なんとかつなぎとめようとする場面などで使うことが多いフレーズ。いきなりこう告白すると、相手は驚いて逃げるかも。もちろん相手も同じ気持ちなら、喜んでもらえます。

いきなり告白はやっぱりNG

欧米人はよくI love you. と口にする、と思われているかもしれませんが、これは恋人や夫婦間でのこと。告白としていきなりI love you. は、ちょっとストレートすぎるでしょう。

06 上手に断る

I love you. と告白されましたが、こちらは「いいお友達でいたい」と思っています。なるべく相手を傷つけずに断るには、なんと言えばいい?

キケン! I'm sorry.

 あら、ごめんね。

😊 相手をいたわる断り方

- Oh, that's so nice of you to say.
- Sorry, but let's just be friends.
- Sorry, but I don't want to hurt our friendship.
- Sorry, but let's not go in that direction.
- Sorry, but the timing isn't right.
- I'm afraid I don't feel that way.
- I'm sorry.
- I don't feel that way at all.
- I'm not interested.

☹ 相手を傷つける断り方

Oh, that's so nice of you to say.
まあ、優しいことを。

相手の告白を巧みにかわすことば。つまり「こちらはそうではない」という意味。けれどあいまいすぎるので、鈍い相手からは「イエス」なのかと誤解されるかも。

Sorry, but let's just be friends.
ごめんなさい、いいお友達でいましょう。

日本語同様、断る際の決まり文句。 Sorry, but .... と言うだけでも、断り文句になります。

Sorry, but I don't want to hurt our friendship.
ごめんなさい、でも友達としての関係を壊したくないの。

これも上手に断るフレーズ。

Sorry, but let's not go in that direction.
ごめんなさい、でもそっちの方向に行くのはやめましょう。

これも「友達でいたい」という気持ちを伝えるフレーズ。

Sorry, but the timing isn't right.
ごめんなさい、タイミングが悪くて。

「あなたではなく、タイミングの問題で」という言い方で、相手を傷つけないようにする気遣いが感じられるフレーズです。

I'm afraid I don't feel that way.
残念だけど、私はそういうふうに思ってないの。

一応、相手への気遣いは感じられる言い方です。

I'm sorry.
あら、ごめんね。

相手への気遣いや、告白を真剣に受け止める姿勢が感じられない答え方。かなりきつい断り方になります。

I don't feel that way at all.
私はそんなふうには全然感じてないから。

「全然興味がない」という感じの冷たい断り方。

I'm not interested.
私は興味ないから。

はっきり断りたい気持ちは伝わりますが、とても冷たい言い方で、相手は深く傷ついてしまうでしょう。

相手の反応が悪かったときの対処法

I love you. と言ったら、相手が黙り込んでしまった！ そんなときはこんな対処法を。

①相手をほめることばを続け、「異性として」ではなく、「あなたのこんなところが大好き」というほめことばに変える。
I love you .... You're such a good listener.
あなたのことが好きだ…あ、つまり聞き上手なところがね。

②「確かめてみただけ」と続ける。
I love you .... Oh, you were listening. Just checking.
あなたが好きだ…あ、ちゃんと聞いてたんだね。ちょっと確かめてみただけだよ。

③星占いのせいにする。
I love you .... Sorry. My horoscope told me to say that.
あなたのことが好きだ…ごめん、星占いにそう言うように書いてあったから。

07 「OK!」

意中の相手から告白された!
上手にこちらの気持ちを伝えるには、どう言えばいい?

 I see.

ネイティブには
こう伝わる そうかぁ、ちょっと困ったな〜。

 テンションの高いイエス

- I love you too.
- Me, too.
- I was waiting for you to say that.
- That's how I feel.
- Oh, really?
- Oh, okay.
- I see.
- I'll have to think about this.
- Well ....

 テンション低めのイエス

I love you too.
私もあなたを愛してます。

相手がいちばん聞きたいことばはもちろんこれ。Oh, I love you too. と言うと、さらに気持ちが高まります。

 ## Me too.
私も！

I love you too. と意味的には同じですが、カジュアルなフレーズなので、雰囲気が明るくなります。こちらもOh, me too. と言うと、うれしい気持ちが倍になって伝わります。

I was waiting for you to say that.
そう言ってくれるのを待っていました。

少しクールな言い方ですが、うれしい気持ちは伝わります。

That's how I feel.
私もそう思ってます。

冷静な言い方。冷静すぎて、物足りなく感じる相手もいるかもしれません。

Oh, really?
本当？

イントネーション次第ですが、明るく言えば、うれしい気持ちは一応伝わるでしょう。冷たく言うと「フーン」というニュアンスになるので注意。

 ## Oh, okay.
そう、わかった。

ぶっきらぼうすぎて、うれしさは伝わりません。面倒くさいな、という感じに聞こえてしまうかも。

 ## I see.
そうかぁ、ちょっと困ったな〜。

「わかりました」というあいづちですが、こういう状況で使うと、ちょっと困ったようなニュアンスになるので注意！

 ## I'll have to think about this.
ちょっと考えさせてください。

すぐにイエスと言うより、気を持たせた方がいいかな、と思ってこんなふうに言うと、「可能性はゼロに近いのだな」と受け取られてしまいます。逆にそういう状況でなら使えます。

Well ....
えっと、困ったな…。

告白に驚いて、ついこう言ってしまう人もいるかもしれませんが、これでは「ごめんなさい」と言っているように聞こえてしまいます。

Me too. の話

Me too. は、「私も」という意味を表すとてもカジュアルで、よく使われる表現。
でもどうしてI, too. ではなく Me too. なの？と思う人もいるかもしれません。英語では「Iの後には動詞が続く」という意識もあるため、I, too. より Me too. の方が言いやすく、この表現が定着したようです。
たとえば、玄関のチャイムが鳴ったときにも、
Who's there? 誰？　　**It's me.** 私よ。
というように、meを使ったりもします。
Meの後にカンマ(,)を置いた表記もありますが、今ではカンマを置かない表記も使われます。

CHAPTER **6**

言いにくい"ビミョーなニュアンス"が うまく通じる英語

01 席を立ちたいとき

ミーティングが押してしまい、次のスケジュールが迫っている。
「そろそろ失礼します」と席を立ちたいとき、なんと言う?

I'm going to leave now.

ネイティブには
こう伝わる　　もう帰る!

 ソフトに切り出す

- Something came up, so I have to go now.
- I'm afraid I have to be going.
- Well, I'd better be going.
- I have to go now.
- I need to leave now.
- I'm going to leave now.
- I've got to get out of here.

「もう帰る!」

Something came up, so I have to go now.
ちょっと急用で、すぐ行かなければならないんです。

「ちょっと急で」と言いたいときにはこのフレーズ。An emergency came up and I have to go now. (緊急の用で、すぐ行かなければ)と言うと、より「緊迫感」が増します。

I'm afraid I have to be going.
すみませんが、そろそろ失礼しなければ。

I'm afraid ... ではじめると、まず「残念なのですが…」という気持ちが先に伝わるのでおすすめです。また I have to go. よりも I have to be going. の方がソフトな印象になります。

Well, I'd better be going.
さて、そろそろ行った方がいいかな。

カジュアルな場での退室なら、これでOK。いきなり I'd better.... とか I have to .... と言い出さず、まず Well, をつけることがポイント。

I have to go now.
もう行かなきゃ。

have to には「嫌だけど、やらなきゃしかたない」と

いうニュアンスがあるので、少しはソフトに聞こえます。立ち話していた友達に告げるなら、これでOK。

 I need to leave now.
もう帰るから。

ぶっきらぼうな感じ。これだけを突然言うと、相手は「なにか悪いこと言ったかな？」とちょっと心配になるかも。

 I'm going to leave now.
もう帰る。

遠慮深さがまったく感じられない言い方。せっぱつまっているような感じにも聞こえます。

 I've got to get out of here.
こんなとこ、出てってやる！

Get out of here. は「ここから出て行け」という意味。これをIを主語にして言うと「こんな嫌なところ、いられるか！ 出てってやる！」ということになってしまいます。

「お手洗い」と誤解されるかも

I'm going to leave now. は、「ちょっとお手洗いに」と言いたいときに使うフレーズでもあります。
I have to go. も同じ。逆に「お手洗い」をソフトに伝えたい状況ではこのフレーズが使えます！
また、**I have to take care of business.** も「仕事しなきゃ」ではなく、「ちょっとお手洗いに」です。
実際に用事で退出したいときに、「トイレかな？」と勘違いされたくない場合は、
I have to take care of some business.
のように **some** を加えればOKです。

02 お酒の誘いを上手にかわす

友達に招かれたホームパーティーで、Would you like some more wine?「ワインをもう少しいかがですか?」とすすめられたが、「いえ、けっこうです」と断りたい。そんなとき、なんと言う?

キケン! No, thank you.

ネイティブにはこう伝わる いい、いらない。

 遠慮がちに断る

- I really would, but I'd better not.
- Thanks, but I'd better pass.
- I've had more than enough.
- Thanks, but no thanks.
- I'm okay.
- I'm fine, thank you.
- No, thank you.
- I don't want any more.

 そっけなく断る

I really would, but I'd better not.
いただきたいのですが、このへんでやめておきます。

とても丁寧な断り方。「このへんにしておかなければ、ご迷惑をおかけすることになってしまうので」と相手を思いやることばなので、相手も嫌な思いをせずにすみます。

Thanks, but I'd better pass.
ありがとう、でもやめといた方がいいかな。

まずThanksからはじめているので、いい印象を与えます。I think I'll pass. でもOKですが、言い方次第ではちょっとぶっきらぼうで失礼な感じになる可能性もあるので注意。

I've had more than enough.
もうたくさんいただきましたので。

あまり丁寧に聞こえないかもしれませんが、かなり丁寧なフレーズ。嫌な印象も与えません。

Thanks, but no thanks.
ありがとう、でもけっこうです。

ストレートですが、thanksに韻を踏ませることで、ユーモアを込めた言い方にしているので、とても印象のいいカジュアルな表現です。親しい相手なら、

これがおすすめ。

I'm okay.
大丈夫です。

カジュアルな断り方。

 ## I'm fine, thank you.
大丈夫、けっこうです。

一見、丁寧な言い方に見えますが、これはレストランなどでスタッフに対して使う常套句なので、友達や同僚が相手の場合、ちょっと失礼な感じになります。

 ## No, thank you.
いい、いらない。

レストランならこれでOKですが、友達に使うと、そっけなくぞんざいな響きになってしまいます。

 ## I don't want any more.
もういらない。

ちょっと子どもっぽい言い方。家族間では使えても、外では控えた方がベター。

Okay. で誤解されないように！

Okay. はいつでも使えるカジュアルな表現ですが、実は使い方に注意が必要。なにかをすすめられたとき、**Okay.** と言うと「はい、いただきます」という意味に。
ところが同じ okay を使った表現でも、**I'm okay.** にすると「いえ、けっこうです」という意味になります！

03 トイレを借りたいとき

友達の家で、トイレに行きたくなった!
「お手洗いをお借りしたいのですが」は、なんと言う?

May I use your bathroom?

ネイティブには
こう伝わる

トイレを借りることをお許しくださいますか?

 丁寧な聞き方

- Would it be all right if I used your bathroom?
- May I use your bathroom?
- Mind if I use your bathroom?
- Could I use your bathroom?
- Can I use your bathroom?
- I need to use your bathroom.
- Where's your bathroom?

 ストレートな聞き方

Would it be all right if I used your bathroom?
トイレをお借りしてもよろしいと思われますか？

トイレを借りるのには丁寧すぎます。これはなにか真剣に尋ねるときに使うフレーズなので、相手も真剣に考えて答えないといけないことになってしまいます。

May I use your bathroom?
トイレを借りることをお許しくださいますか？

May I ...? は基本的に、相手が No. と言ってもいいときに使う尋ね方。トイレに行くことに対して相手は No. とは言えないので、この聞き方ではちょっとヘンです。

Mind if I use your bathroom?
トイレをお借りしてもいいですか？

Do you mind if I use your bathroom? でも OK ですが、実は Do you を省いて言う方が、相手に詰めよる感じがなく、遠慮がちな気持ちが伝わるのです。
Mind if I ...? はぜひ覚えておきたいフレーズです。

Could I use your bathroom?
トイレを借りてもいいですか?

かしこまりすぎず、ぶしつけでもなく、相手が誰でも問題なく使えるフレーズ。

Can I use your bathroom?
トイレ借りてもいい?

カジュアルな言い方。友達ならこれでOK。

I need to use your bathroom.
トイレを借りたいのですが。

ちょっとストレートな感じですが、まあ大丈夫。

Where's your bathroom?
トイレはどこだ?

かなり親しい友達でないと、ちょっと失礼な感じ。

toiletのイメージ、アメリカvsイギリス

「『トイレ』は英語でなんと言う？」と聞かれたら、**toilet**と答える人が多いでしょう。

実はこの**toilet**という語についてのイメージは、アメリカとイギリスでは異なります。イギリスでは「化粧室」というイメージで、下品な感じはしません。ところがアメリカでは「便器」そのものを指すイメージなのです。

そのため、**I need to use the toilet.** という表現について、イギリスでは下品な感じがしないのに対し、アメリカではちょっと下品な感じを持つ人が多いのです。

ここからこんな笑い話も。アメリカ人に、Where's the toilet? と聞いたら、It's in the bathroom. と返事が。

つまり「トイレはどこ？」と訊ねたつもりでも、アメリカ人にとっては「便器はどこ？」という意味に聞こえるため、

「それはトイレ(the bathroom)の中だよ」とジョークを返した、ということ。

04 ビミョーな質問を うまくごまかす

> Do you think Hiroshi will be able to graduate?
> (ヒロシは卒業できると思う?)と聞かれましたが、わかりません。
> 「さあ、どうかなぁ」と答えたいとき、なんと言う?

キケン! **I don't know.**

ネイティブには こう伝わる さあ、興味ないねぇ。

 「ほんとうにわからない」というニュアンス

- **I really don't know.**
- **Hardly.**
- **I doubt it.**
- **Um, well, maybe.**
- **Maybe.**
- **I don't know.**

 「興味ないねぇ」

I really don't know.
ほんとうに、どうなんだろうねぇ。

I don't know. にreallyを加えることで、「こちらも真剣に考えてみてるけど、わからない」という気持ちがうまく伝わります。この表現は「ちょっと難しいんじゃないかな」という気持ちを遠慮がちに示しつつ、「もちろん自分としてはうまくいってほしいんだけど」というニュアンスも含ませることができる、つまり「複雑な気持ちをひと言で表せる便利なフレーズ」なのです。

Hardly.
ありえねー。

「難しいかもね」という意味で、I hardly think so.（あまりそうは思わない）を短くした言い方なのですが、実はこのフレーズではヒロシを小ばかにした言い方になってしまうので要注意。「あいつが？ ありえねー」という感じ。ネイティブが使う場合、目を上に向け「ありえない」という表情をしながら、Huh, hardly. と言います。

I doubt it.
無理でしょ。

直訳すると「それは疑わしい」という意味ですが、「まあ無理でしょ、ありえない」に近いニュアンス。

6章 言いにくい"ビミョーなニュアンス"がうまく通じる英語

Um, well, maybe.
うーん、まあ、多分ねぇ。

真剣な感じで悩みながら言うと「難しいかもしれないけど、大丈夫なんじゃないかな」とポジティブに答えているように受け取られます。

Maybe.
さあね。

こうぶっきらぼうにひと言返すと、「そうかもしれないけど、知らないよ、興味ないよ」というニュアンスに。これはMaybe yes. Maybe no.（そうかもしれないし、違うかも）ということで、ちゃんとした答えになっていないのです。
真剣に聞いてくる相手に返すと、ムッとされるかも。

I don't know.
さあ、興味ないねぇ。

Wellやreallyなどをつけずに、ぶっきらぼうにこう返すと、「知らないし、興味もない」という感じになってしまいます。「だいたい、何でそんなこと私に聞くの？」というニュアンスまで含んでしまうことも。

会話で重宝する really

I really don't know. と **I don't know.** のニュアンスがこれほど違うことからもわかるように、**really** は会話では重宝する語です。たとえば、
Do you think he likes me? は「彼は私のこと、好きだと思う？」と素直に尋ねている表現ですが、これを、
Do you really think he likes me? とすると「彼、私のこと好きだと本当に思ってる？ 実は、そう思ってないでしょう？」という反語的な言い方になるのです。また、
Is the coffee hot? コーヒー、熱いですか？
Not really. それほどでも。
…この場合の really は否定を和らげる役割。
That's a nice idea, really.
それはすばらしいアイディアだ、ほんとうに！
これは文章全体を強調する役割。どうです？ really を使って、ネイティブっぽい会話をしてみたくなったのでは？

05 「急いでもらってもいい?」

あと10分で空港に着かなければ！ でも車で送ってくれている友人はのろのろ運転。「急いでるんだけど」伝えたいとき、なんと言う?

I'm in a hurry, please.

 急いでんだよな、頼むよ、まったくー。

 丁寧にお願いする

- If you could go as fast as is safely possible, that would be great.
- Maybe you could go as fast as possible.
- Do you think you could hurry just a little?
- Please hurry.
- Hurry, please.
- I'm in a hurry, please.
- Can you go any faster?
- Can't you go any faster?

 相手を小ばかにして急かす

If you could go as fast as is safely possible, that would be great.
安全な範囲でできるだけ急いでくれると、すごく助かります。

かなり丁寧にお願いする感じ。これなら気を悪くする人はいません。

Maybe you could go as fast as possible.
できるだけ急いでくれないかなぁ。

Maybe you could ...? は丁寧な頼みごとをするときのフレーズ。「イチオシ」が長すぎると感じる人はこちらを。

Do you think you could hurry just a little?
ちょっとだけ急いでくれる？

just a little(ちょっとだけ)ということばで、相手への気遣いを感じさせるフレーズ。

Please hurry.
お願い、急いで！

親しい友人が相手で、せっぱつまっているときは、この短いフレーズでOK。

Hurry, please.
急いで、お願い！

よりせっぱつまっている場合は、Hurry. を先に持ってきます。つまり「用件をまず述べる」ということ。ただし言い方によってはぞんざいに聞こえます。

I'm in a hurry, please.
急いでんだよな、頼むよ、まったくー。

冷たい言い方。依頼というよりも、命令しているような感じ。pleaseをつけることによって、かえって「まったく頼むよ」というイライラ感を出してしまうことになります。

Can you go any faster?
もっと速く行ってくれるかな？

親しい友人や家族になら、このカジュアルなフレーズでOK。

キケン!

Can't you go any faster?
もっと速く行ってくれないかなぁ、行けるでしょ!

Can you ...? を Can't you ...? にすると「~できないの? できるでしょ!」という感じの、強くて失礼な言い方に。

---

pleaseのワナに気をつけて!

「依頼」というとすぐに **please** をつけた文章を思い浮かべがちですが、これには注意が必要。
もちろん、please は「お願いします」と言いたいときに使うことはできますが、使い方や状況によっては、「もう、お願いだから!」というイライラした気持ちを表したり、さらには「いいかげんにして!」という拒否を表すことばにもなるのです。
たとえば何度断ってもしつこく頼み事をしてくるような相手には、ひとこと
"Please!" いいかげんにして!
ときっぱり断ることができます。
この場合、「プリーーーズ!」という感じで「リー」を延ばして発音します。

06 「やってみるけど…期待しないで」

> We'd really like to see the Nobuyuki Tsujii concert. Could you make reservations for us?
> 「辻井伸行のコンサート、どうしても行きたいの。予約してくれない?」と、友人に頼まれた。かなり難しそうだが、「やってみるよ」と答えたいとき、なんと言う?

キケン! I'll try.

 まあ、一応やってはみるけどねぇ。

 ポジティブ

- Sure, I'll do whatever it takes.
- I'll do my best.
- I'll try.
- Well, I'll try.
- I'll see what I can do.
- Don't count on it.
- Well, maybe.
- I don't know.

 ネガティブ

Sure, I'll do whatever it takes.
うん、なんとしてもやるよ。

直訳は「もちろん、どんなに困難でもやるよ」となり、こちらのやる気は充分示すことができます。ただし確約できない場合に使うと、後で困った羽目に陥るかも。

I'll do my best.
ベストをつくすよ。

100パーセントの約束はできないけれど、できることはやってみる、というポジティブな姿勢を表したいときは、このフレーズが適しています。

I'll try.
まあ、一応やってはみるけどねぇ。

元気に言うと「がんばってみるよ、まかせて！」という意味になりますが、一般にはあまりポジティブな言い方ではないので注意。「無理だと思うけど、まあやってみるよ」というネガティブさを含む表現です。

Well, I'll try.
うん、やってはみるよ。

Wellをつけることによって、「事の難しさ」をあらか

じめ相手に認識させるための、「できるかどうかはわからないけどね」という確認が加わります。その上で「やってみるよ」という姿勢を示すことができます。

I'll see what I can do.
できるだけやってみるよ。

直訳は「自分にできることを確認してみる」。つまり「自分にできることをなんでもやってみる」ということです。

 Don't count on it.
あまり期待しないで。

count on は「当てにする」。相手に無理なことを前提にしておいて欲しい場合には、逆に使えます。

 Well, maybe.
まあ、たぶんね。

「難しいかもね」という気持ちと、やる気のなさを表してしまいます。

 I don't know.
どうかな。

できる自信がほとんどない気持ちを表します。ちょっと突き放した言い方になってしまいます。

bestの微妙なニュアンスに注意!

bestと聞くと「最高の」という意味だと受け取りがちですがちょっと注意が必要です。
bestには「現状の中での最良の、最善の」というニュアンスがあるからです。
たとえば **make the best of ...** は「(不利な)条件の中で精一杯善処する」。
一方、**make the most of ...** は「(有利な)条件を最大限に活用する」という場合に使います。
We only have one old computer. Let's make the best of it. 古いコンピュータしかないんだ。それでなんとかしのごう。

07 「ドア、閉めてくれない?」

部屋が寒い!
ドアの近くにいる友人に「ドア、閉めてくれない?」と頼みたいとき、なんと言う?

キケン! Would you mind closing the door, please?

ネイティブにはこう伝わる ちょっと、ドアくらい閉めてくれないかな、頼むよまったく。

 丁寧なお願い

- Would you mind closing the door for me?
- Would you mind closing the door?
- Could I get you to close the door for me?
- Would you mind closing the door, please?
- Maybe you could close the door.
- Close the door, would you?
- Close the door, okay?
- I want you to close the door.
- Close / that / door.

 ぞんざいな命令

Would you mind closing the door for me?
ドアを閉めてもらえませんか?

Would you mind 〜ing ...? は丁寧な依頼のときに使う定番フレーズ。for meをつけると、「私が寒いから、私のために」という説明が加わり、より丁寧になります。

Would you mind closing the door?
ドアを閉めてくれない?

for meをつけなくても、丁寧な依頼として充分通じます。

Could I get you to close the door for me?
ドアを閉めてもらっていい?

このgetは「〜してもらう」という意味。最後にfor meをつけているので、「私のために〜してもらってもいいですか?」という言い方になり、丁寧で上品。

キケン！ Would you mind closing the door, please?
ちょっと、ドアくらい閉めてくれないかな、頼むよまったく。

一見、とても丁寧な言い方に見えますが、実は丁寧すぎて、逆にいやみな感じになってしまうので注意！ pleaseを最後に置くことで、たとえばドアを閉め忘れた相手に「もう、頼むよまったく」というような言い方になります。

Maybe you could close the door.
ドアを閉めていただけますか？

Maybe you could .... は上品な感じの依頼のフレーズです。

Close the door, would you?
ドア閉めてくれる？

Close the door. と言うと冷たい感じになってしまいますが、最後にwould you?をつけると丁寧な感じが出ます。

Close the door, okay?
ドア閉めて、ね？

前の例文のwould you をokayに変えると、カジュア

ルな感じになります。親しい友人や家族が相手なら、これでOK。

I want you to close the door.
ドア閉めて欲しいんだけど。

I want you to .... はカジュアルな表現。親しい相手ならOK。

Close / that / door.
もう、ドア閉めてったら！

一語一語区切って発音すると、怒った言い方になります。はっきり伝えようとして、こう言うと、誤解を招くので注意。逆に、怒って言いたいときは、区切って言えばOK。

返事に気をつけよう！

Would you mind 〜 ing ...? の形でなにか頼まれた場合、「いいよ」はYes. ではない点に注意。「〜してもらうのを気にしますか？」という意味なので、Yes. では「気になります」という意味になってしまうのです。「いいよ」は、
Not at all. 全然気にならないよ。
Sure thing. もちろん。
I'd be happy to. よろこんで。のように答えます。

08 「お静かに願います」

> 図書館でずっとおしゃべりを続けているグループがいる。
> 「お静かに願います」と注意したいとき、なんと言う?

Be silent.

ネイティブには
こう伝わる　　コトリとも音をたてるな！

 丁寧にお願いする

- I'm sorry, but I need to ask you to be quiet.
- I need to ask you to be quiet.
- Could you tone it down a little?
- If you don't mind ....
- Be quiet.
- Don't be noisy.
- Be silent.
- Shut up!

 「黙れ」と命令する

I'm sorry, but I need to ask you to be quiet.
すみませんが、お静かに願えませんか。

I need to .... は「本当はしたくないのですが、どうしても必要なので」という感じで、言いにくいことをなるべく角の立たないように伝えられるフレーズ。I'm sorry までつけると、かなり丁寧で反感を買わない言い方になります。

I need to ask you to be quiet.
お静かに願えませんか。

上記のフレーズに I'm sorry をつけなくても、丁寧な表現と言えます。

Could you tone it down a little?
ちょっと声を抑えていただけませんか？

tone down は「調子を下げる、やわらげる」という意味。目的語を your voice ではなく it にしてぼかすことで、ソフトな言い方になります。

If you don't mind ....
もしよろしければ…。

If you don't mind, please be quiet. というフレーズを途中で止めたものです。

状況が明確な場合、よほど鈍感な相手でない限り、If you don't mind .... だけでも言いたいことは伝わるでしょう。相手が自分や周囲にとって迷惑な行為をしている場合、いつでも使える便利フレーズ。

Be quiet.
静かに！

命令的。親や先生が子どもに対してよく使うフレーズです。

Don't be noisy.
騒ぐんじゃない！

子どもが騒いでいるようなときに、親がよく使うフレーズ。ニュアンス的には「話をするのはいいけれど、大声で騒ぐんじゃない！」という感じ。

Be silent.
コトリとも音を立てるな！

これは、注意してもなかなかおしゃべりをやめてくれない相手に「静かにしろってば！」と強く言いたいときのフレーズ。またこの「静かに」は厳密には、「コトリとも音を立てるんじゃない！」「ただのひと言もしゃべるんじゃない！」という意味になります。

Shut up!
黙れ！

「黙れ！」という強い言い方。さらに強調するフレーズとして、映画などで耳にするものに Shut the fuck up! がありますが、これはとても下品なので避けましょう。上品に強調したいなら Shut up, please! です。

Shut up! はこう応用できる！

Shut up! は「黙れ」という意味以外に、スラングとして
「うそ！」「ふざけんなよ！」「まさか？」「ほんとに？」
という感じで使うこともできます。
たとえばこんな感じ。
I won the lottery!　宝くじ、当たった！
Shut up! That's great!　ウッソー！　すごい！
ただしタイミングを間違えると「黙れ！」と怒っているかのような誤解を生むので、注意が必要です。

09 「大丈夫です」

仕事でミスして上司に叱られてしまった。心配した同僚から Is everything okay? 「大丈夫?」と尋ねられ、「大丈夫!」と答えたい。こんなとき、なんと言う?

It's okay.

ネイティブには
こう伝わる　いいから、ほっといて。

 感謝を込めた「大丈夫」

- Thank you for caring.
- Thanks for asking.
- I'll be okay.
- I'm all right.
- It's no big deal.
- It's okay.
- I'm just fine.

 「大丈夫だからほっといて」

Thank you for caring.
心配してくれてありがとう。

この後に
... but I'll be okay.（でも元気を出すよ）や、
... but I'm all right.（でも大丈夫）
などと続けると、「大丈夫」という気持ちがうまく伝わります。

Thanks for asking.
気遣ってくれてありがとう。

相手の気遣いに対する、カジュアルで自然なお礼のことば。上記表現と同様、後に ... but I'll be okay. などと続けるとさらによいでしょう。

I'll be okay.
元気になるよ。

It's okay. と似ていますが、主語をIにし、未来形にすることで、「今は辛いけど元気を出します」という気持ちを素直に表すことができます。

I'm all right.
大丈夫よ。

カジュアルな表現。これなら特に相手を突き放すようなニュアンスはありません。

It's no big deal.
たいしたことないさ。

big deal は「重大事件」「重要人物」という意味(コラムを参照)。これを否定形にすると、「たいしたことじゃないさ」と軽くかわすのにピッタリなフレーズになるのです。

 ## It's okay.
いいから、ほっといて。

心配してくれている相手に対して、単にこう言うと、「いいから、ほっといて」というニュアンスになってしまいます。

 ## I'm just fine.
まったく平気だから、かまわないで。

こんな場合にこう言うと、I'm just fine, so leave me alone! 「まったく大丈夫、だからかまわないで」と相手の好意を疎んじるニュアンスになってしまいます。

deal は会話でこう使う

deal（取引）は、会話ではよく **a big deal** という形で、「重大事件」とか「重要人物」という意味で使います。

I'm five minutes late. What's the big deal?!
5分しか遅れていない。なにを大騒ぎする必要がある?!

Don't make a big deal out of nothing. Everything will be okay.
つまらないことで大騒ぎするな。すべてうまくいくって。

deal は他にも、こんなフレーズで使えます。

Let's meet at the station at 3:00.
3時に駅で会おう。
Deal. 了解。

I'll give you $50 for your computer.
君のコンピュータに50ドル払うよ。
No deal! It's worth much more than that.
ダメダメ！ それよりはるかに価値があるんだから。

STAFF
編集・執筆協力　　　　古正佳緒里(AtoZ English)
本文デザイン・DTP　　山本太平(AtoZ English)

本書は、2010年に青春新書インテリジェンスとして刊行され、
2015年に四六判としてリニューアルされた
『その英語、ネイティブはカチンときます』を、
さらに再編集して文庫化したものです。

・青春文庫

その英語(えいご)、ネイティブはカチンときます

2024年10月20日 第1刷

著　者　　デイビッド・セイン
発行者　　小澤源太郎
責任編集　株式会社プライム涌光
発行所　　株式会社青春出版社

〒162-0056　東京都新宿区若松町 12-1
電話 03-3203-2850（編集部）
　　 03-3207-1916（営業部）　　　　　印刷／三松堂
振替番号 00190-7-98602　　　　　製本／ナショナル製本
　　　　　　　　　　　ISBN 978-4-413-29862-9
　　　　　　　©David Thayne 2024 Printed in Japan
　万一、落丁、乱丁がありました節は、お取りかえします。

本書の内容の一部あるいは全部を無断で複写（コピー）することは
著作権法上認められている場合を除き、禁じられています。

| ほんとうのあなたに出逢う | 青春文庫 |

9割が答えられない「モノの単位」がわかる本

話題の達人倶楽部[編]

「東京ドーム1杯分」って、どのくらい？ ワット、ボルト、アンペアの違いを簡単にいうと？ 知ると、毎日がもっと楽しくなる。

（SE-855）

問題解決力のある人が、あきらめる前にやっていること。

ビジネスフレームワーク研究所[編]

そうか、その手があったか！ 行き止まりを未然に回避する「視点切り替え法」ほか手元にあるだけで、新しい力がわいてくる。

（SE-856）

こんなに変わった！小中高・教科書の新常識

現代教育調査班[編]

「pH」はなんて読む？ 太陽系にある惑星の数はいく〜つ？ 今の教科書には驚きの発見がいっぱい！ 新常識へアップデートしましょう。

（SE-857）

ひと口かじっただけでも哲学は人生のクスリになる

白取春彦

自分を救うために哲学を役立てるもっともシンプルな方法。それは、哲学のほんの一部を知るだけでもいいのです。

（SE-858）